나에겐 국경을 넘을 권리가 있다

○ 표기는 원칙적으로 현행 맞춤법을 적용하였으나 시적 효과를 위한 표현과 시인 특유의 말씨와 방언은 가급적 그대로 두었다.

○ 한자는 한글로 고치되, 필요한 경우에는 병기하였다.

○ 시 속에 사용된 부호(「」 등)는 큰따옴표나 작은따옴표로 바꾸었다.

○ 일부 시는 현행 맞춤법과 다르더라도 시의 맞춤법을 존중했다.

시 읽는 여행자

나에겐 국경을 넘을 권리가 있다

이승원 쓰고 엮음

홍익출판사

• 차 례 •

#

여행 중에 읽는 시는 신기하게도
집에서보다 훨씬 깊고 진한 향기를 실어 나른다.
여행은 시를 부르고, 시는 여행자의 정취를 한껏 고조시킨다.
여행 중에 산문보다 시가 더욱 절실하게 와 닿는 까닭은 무엇일까.
익숙하던 모국어 낱말 하나하나가 사뭇 다른 느낌으로
말을 걸어오기 때문이 아닐까.

FULL LINE
Fare
5313
FULL L
Fare

모국어가 그리운 순간,
시가 내게로 다가왔다

한때 짜장면 가격이 서민 경제의 지표로 활용되었다. 대학 시절, 시집 한 권의 가격과 짜장면 한 그릇의 가격이 엇비슷했다. 때로는 시집이 더 저렴했다. 스무 살의 나는 짜장면 먹을 돈을 아껴 시집을 산 적도 있다.

짜장면은 내게 아주 특별한 음식이었다. 바다를 품고 살았던 아버지는 두 달에 한 번 집에 들어오셨다. 함께 목욕탕을 다녀온 후에는 어김없이 짜장면을 사주셨다. 언젠가 아버지가 출항하는 날 나를 데리고 부두 근처로 짜장면을 먹으러 갔는데, 그때 그 짜장면에서는 이상하게도 비릿한 냄새가 났다. 아직도 그 비릿한 짜장면 맛을 잊지 못한다.

그토록 좋아하는 짜장면을 시집 한 권과 맞바꾸는 것은 나로서는 커다란 결심이었다. 그렇지만 손바닥만 한 시집을 가슴에 품는 기쁨은 남달랐다. 시는 잘 몰랐지만, 시집 한 권을 사면 하나의 어엿한 세상을 오롯이 품어 안은 것 같았다.

대학원에 다닐 때였다. 원문 자료 읽기에 열중한 적이 있었다. 시를 발표 당시의 원문으로 읽으니 그 울림과 맛이 전혀 달랐다. 커피 향을 머금은 종이 위에 옛 활자로 인쇄된 시를 읽다 보면 내가 경험하지 못한 세상이 꿈결처럼 밀려오는 듯했다. 자연스럽게 현대 표기법과는 다르게 쓰인 원문 시에 매료되었다. 그때부터 국립중앙도서관과 국회도서관을 풀 방구리에 쥐 드나들듯 했다. 원문 자료와 옛 시집의 영인본을 복사할 때마다 내가 살아보지 못한 세상과 내가 꾸지 못한 꿈을 복제하는 것만 같았다. 그렇게 나의 행복한 시 읽기는 조금씩 나아가고 있었다.

여기 묶인 시들은 한때 내 청춘과 함께했던 것들이다. 젊은 날의 아스라한 추억과 방황의 흔적이 묻어 있다. 대부분 학창시절에 모은 시집들에서 선별했다. 철저하게 주관적인 컬렉션인 셈이다. 겹치는 시인도 여럿 있다. 물론 이 책을 꾸미기 위해 몇몇 시들은 새로 읽고 골랐고, 선물로 받은 시집의 시도 조금은 포함했다. 무엇보다 여기 모인 시들은 10년 넘는 기간 동안 해외여행을 할 때마다 내 아련한 객수를 달래줬다. 이 정든 시들이 없었다면 나의 여행은 한없이 외롭고 쓸쓸하고 누추했을 것이다.

학창시절 수학여행과 소풍을 다녔으나 모두 단체여행이었다. 처음 홀로 여행을 떠난 것은 대학교 1학년 때였다. 어느 일요일 점심 무렵이었다. 점심을 먹으며 전국노래자랑을 봤다.

무대는 부산 해운대였다. 갑자기 해운대 바다를 걷고 싶었다. 어머니께 잠시 부산에 다녀오겠노라고 말했다. 어머니는 내 얼굴을 한참이나 바라보시더니 그저 잘 다녀오라며 용돈을 쥐여주셨다. 나는 곧장 부산행 기차에 몸을 실었다.

전국노래자랑 해운대편으로 시작된 여행의 목적지는 물론 해운대였다. 하지만 내 무의식은 해운대를 구경하기보다는 영도대교를 다시 건너고 싶었는지도 모른다.

내 기억 속에는 가물가물하지만 어머니에게는 또렷하게 남아 있는 풍경이 있었다. 내가 꼬마였을 때 어머니는 나와 형을 이끌고 부산에 간 적이 있다고 했다. 그때 어머니는 "영도다리 무서워, 영도다리 무서워" 하며 자신의 치맛자락을 붙들고 울며불며 떼를 쓰면서 업어달라는 내 엉덩이를 흠씬 두들겨 팼다고 한다. 그 이야기를 하실 때마다 꼭 한마디씩 더 덧붙이셨다. 내가 황소고집이라고. 결국은 나를 업을 수밖에 없었다고. 어머니는 그 무거운 짐에 더해 나까지 업어다 나르시느라 얼마나 힘드셨을지.

부산에 도착하자마자 영도대교로 발길을 옮겼다. 성인이 돼서 다시 찾은 영도대교는 어렸을 때처럼 흔들거리지도 위태롭지도 않았다. 그저 평범한 다리일 뿐이었다. 다리도 뱃고동 소리도 바다의 비릿한 냄새도 여느 바닷가와 다를 바 없었다. 단지 그곳에는 내가 좀처럼 기억하지 못하는 어머니만의 추억이 있을 뿐이었다. 나는 왜 성년식을 치르자마자 영도대교로 갔는지, 왜 하필이면 그날 전국노래자랑 해운대편을 보게 되었는지 여전히 알 수 없다.

다만 영도대교를 건넘으로써 여행을 시작했고, 그곳에서 성년의 문턱을 넘었을 뿐이다. 내게 부산 여행은 유년에서 성년으로 넘어가는 통과의례였다. 그렇게 내 인생의 첫 여행은 유년의 어머니와 이별하면서 시작되었다.

이후 나는 틈만 나면 전국의 바닷가와 사찰을 돌아다녔다. 저마다의 풍경과 색감으로 어우러진 장소들의 유혹에 빠져 한때를 보냈다. 그런데 신기하게도 국내를 여행하면서는 책을 가져간 적도 읽은 적도 거의 없었다. 이 사실을 깨달은 것은 첫 번째 해외여행에서 돌아와 두 번째 해외여행을 떠나기 위해 짐을 챙길 때였다. 나는 자석에 이끌리듯 여행 트렁크에 시집을 고이 챙겨 넣고 있었다. 왜 그랬던 것일까.

* * *

처음 부산 여행을 떠날 때도 그랬지만, 나는 어떤 계획도 없이 첫 해외여행을 떠났다. 일상이 답답하고 지쳐갈 무렵에 베이징에 사는 선배로부터 메일이 왔다. 별일 없으면 주말에 놀러 오라는 전갈이었다. 그래서 무작정 떠났다. 물론 그 과정은 무작정이 될 수 없었다. 난 살면서 한 번도 비행기를 타보지 못했고, 더군다나 해외여행은 처음이었으니 그 과정이 순탄할

리 없었다.

인터넷으로 비행기를 예약하는 방법을 몰랐다. 그래서 직접 여행사를 찾아가 표를 구하고 비자를 신청했다. 설레기는 커녕 낯설고 복잡한 과정에 짜증이 났다. 어떻게 출국 수속을 밟고 비행기를 타야 하는지도 몰랐다. 해외여행 경험이 있는 선배에게 물어볼 수밖에 없었다. 명석하고 섬세했던 선배는 마치 스마트폰 사용설명서를 작성하듯이 A4 네 장 분량의 매뉴얼을 만들어주었다. 몇 번 버스를 타고 공항으로 이동하고, 공항 어느 게이트로 들어가며, 출입국 수속은 어떻게 하고 베이징 공항에서 시내로 들어갈 때는 어떻게 하는지 등등 아주 세세한 사항까지 적힌 장문의 매뉴얼이었다. 이렇게 많은 단계를 거쳐야만 외국 땅에 발 디딜 수 있다니! 국경을 넘는 일이 이토록 어렵고 복잡한 일이었던가. 매뉴얼을 보고 있자니 낯선 세상과 조우하는 일이 그리 설레는 일만은 아닌 것 같았다.

더군다나 비행기 타는 게 겁도 났다. 나는 유독 강박증이 심한 편이다. 운전 중에 다리 밑에서 차를 멈추면 불안해진다. 혹시 저 다리가 무너지면 어쩌지. 육교를 건너다 느끼는 미세한 진동에 심장이 두근거리기도 한다. 쓸데없는 망상에 사로잡힐 때도 많다. 프랑스의 철학자 폴 비릴리오Paul Virilio는 이런 말을 한 적이 있다. 자동차의 발명은 충돌의 발명이고, 배의 발명은 침몰의 발명이며, 비행기의 발명은 추락의 발명이라고. 나는 발명의 긍정적인 측면보다는 부정적인 측면에 마음이 쏠리는 사람이었다.

해외여행이 두려웠지만 막상 비행기가 힘차게 땅을 박차고 날아오르자 놀라운 세상이 펼쳐지며 공포가 사라졌다. 갑자기 주변이 고요해지면서 이 세상에 나 혼자 남은 듯한 적막감이 감돌았다. 이상하게도 그 적막감이 좋았다. 휘청이고 질척거렸던 일상이 이륙과 동시에 휙 날아가 버렸다. 주변의 모든 중압감으로부터 일시에 해방되는 느낌이었다.

첫 해외여행에서 무사히 돌아와 다음 해외여행을 준비했다. 가방에 시집 한 권을 넣었다. 왠지 그냥 그러고 싶었다. 모국어의 말뭉치와 함께하고 싶었다. 이국의 낯선 문화, 풍토, 기후, 음식은 여행을 여행이게 만들지만 여행을 고행으로 만드는 요소이기도 하다. 특히 음식이 입에 맞지 않는다면 더욱 그렇다. 외국에 나가면 김치가, 해장국이, 육개장이 그리울 때가 있다. 그런데 나는 음식보다 더 목마르고 갈급한 무언가가 있음을 깨달았다.

베를린 소니 센터 입구에서 한글로 쓰인 '환영합니다'라는 문구를 접했을 때, 파리 루브르 박물관에서 한국어 안내 책자를 보았을 때, 마음이 짠하고 뭉클했다. 수많은 알파벳 사이에서 사금파리처럼 빛났던 자음과 모음의 자태는 너무도 매력적이었다. 아무렇지도 않게 읽고 썼던 한국어가 한국을 멀리 떠나니 그토록 값진 보석이자 여행자의 객수를 달래주는 포근한 이불이 되었다. 어설픈 한글 안내판을 보는 것만으로도 쓸쓸함이 저만치 물러나는 것 같았다.

언어를 빚어 만든 시들은 그 어떤 다른 언어로도 온전히 바꿀 수 없는 법이다. 해외로 떠날 때마다 아름다운 한국어가 담긴 시집을 챙기는 것은 내가 살아냈던 삶의 끈을 놓지 않는 일이다. 낯선 이국의 땅에서 한국시를 읽을 때마다 내가 살아왔던 삶이, 세상이, 고향이, 그리운 이들이 모두 한자리에 모여앉아 두런두런 수다를 떨었다. 그런 이유로 나는 여전히 모국어 시들을 벗 삼아 여행을 떠난다.

여행 중에 읽은 시들은 여행의 풍류를 더해주는 술 한잔과 같았다. 파리의 센강에서, 피렌체의 아르노강에서, 부다페스트의 도나우강에서, 런던의 템스강에서 '술 익는 마을마다 / 타는 저녁 놀'을 읊조리며, '구름에 달 가듯이 / 가는 나그네'와 여행자의 뒷모습을 겹쳐보며 몽상에 빠지는 것은 즐거운 일이었다. 이렇듯 우리 시는 떠남으로써 비로소 소중해진 고향을 더욱 그리워하게 만드는 향수의 매개체였다.

여행 중에 읽는 시는 신기하게도 집에서보다 훨씬 깊고 진한 향기를 실어 나른다. 여행은 시를 부르고, 시는 여행자의 정취를 한껏 고조시킨다. 여행 중에 산문보다 시가 더욱 절실하게 와 닿는 까닭은 무엇일까. 익숙하던 모국어 낱말 하나하나가 사뭇 다른 느낌으로 말을 걸어오기 때문이 아닐까.

* * *

여행 책자와 시집을 들고 떠나는 여행은 설렌다. 이제 떠남은 설렘에 가까운 일이 되었다. 즐거운 마음으로 여행을 떠날 수 있는 것은 다시 돌아갈 곳이 있기 때문이다. 식민지 조선의 시인, 〈현해탄〉이라는 매혹적인 시를 쓴 임화에게는 돌아갈 고향이 없었다. 식민지 조선인에게 조신은 부재하는 장소였기에. 그들과 비교한다면 나는 축복받은 삶을 살아왔다. 뒤돌아볼 고향이 존재할 때 떠나는 발걸음이 가벼운 법이다.

에드워드 사이드의 《오리엔탈리즘》에는 신비주의 스콜라 철학자 성 빅토르 위고Hugues de Saint Victor가 말한 격언이 나온다.

> 고향을 감미롭게 생각하는 사람은 아직 허약한 미숙아이다. 모든 곳을 고향이라고 느끼는 사람은 이미 상당한 힘을 갖춘 사람이다. 그러나 전 세계를 타향이라고 느끼는 사람이야말로 완벽한 인간이다.

진정한 여행자라면 전 세계를 타향으로 느끼겠지만, 나는 아직 허약한 미숙아에 불과하다. 스스로 성장을 멈춰버린 피터 팬처럼 살아가고 싶을 때도 많다. 그렇지만 나도, 우리도 모두 성장을 멈출 수는 없지 않을까. 오랫동안 여러 나라를 여행하면서 나는 조금씩 자랐다. 비록 한 걸음 내디뎠을 뿐이지만,

함께 살아가는 세상을, 타자의 세계와 공존하는 법을 배우고 있는 중이다.

여행을 하면서도 언제나 고향의 그림자를 붙들고 다녔던 나는 완벽한 인간이 될 수 없었다. 그럼에도 여행은 유난스레 방어 본능이 강한 나를 변화시키는 인생의 전환점이 되어주었다. 멈춰 서서 생각해보니 어느새 낯선 환경에 잘 적응하는 나를 발견했다. 그것은 낯선 곳에서 삶의 법칙을 깨달아서가 아니었다. 어떻게든 적응하겠지 하는 믿음이 낯선 세상에 대한 두려움을 극복하게 만들었다. 세상을 살아가는 데 지식만큼이나 중요한 무기가 눈치와 자신감이다. 어쩌면 나에 대한 믿음이야말로 여행이 준 최고의 선물일 것이다.

여행은 또 다른 나와 또 다른 세상에 접속하는 일이다. 그렇기에 언제나 설렘과 두려움이 엉킨다. 나는 두려움을 설렘으로 바꾸려고 가끔씩 특별한 '주문'을 외운다. 어떤 장애물이 내 앞에 버티고 서 있을지, 어떤 위험이 내가 걸어가는 길을 향해 다가올지 모르기 때문이다. 이 주문은 내가 좋아하는 시인이 알려준 주문이자, 노래이자, 시이다. 물론 이 주문은 여행을 떠날 때만 외우는 것은 아니다. 힘들고 지칠 때, 세상을 살아가면서 마주치게 될 온갖 가시덤불을 헤치고 나갈 때, 가끔씩 이 '주문-노래-시'를 불러본다. 서남 아메리카 인디언의 민담에 나오는 거미여인의 마법주문이다. 지하 세계에 사는 거미여인이 여행을 떠나는 쌍둥이 군신에게 알려준 것이다.

이 주문을 거듭 외우면 자신을 공격하는 '적'의 분노를 가라앉힐 수 있다고 한다. 조지프 캠벨Joseph Campbell의 《세계의 영웅 신화》에 나온다.

> 네 발을 꽃가루처럼 내려놓아라,
> 네 손을 꽃가루처럼 내려놓아라,
> 네 머리를 꽃가루처럼 내려놓아라.
> 그럼 네 발은 꽃가루,
> 네 손은 꽃가루,
> 네 몸은 꽃가루,
> 네 마음은 꽃가루,
> 네 음성도 꽃가루.
> 길이 참 아름답기도 하고,
> 잠잠하여라.

* * *

2014년 여름, 이 책의 원고 뭉치를 들고 한 달가량 유럽 곳곳을 떠돌았다. 프랑크푸르트로 가는 비행기 안에서 맥주를 마시며 진은영 시인의 〈그 머나먼〉을 읽다 눈물이 왈칵 쏟아졌다. 괜스레 옆 사람의 눈치를 슬금슬금 살폈다. 시인의 담담하고 고즈넉한 말투는 비행기의 불편한 소음을 뒤덮고도 남았다. '홍대 앞보다 마레 지구가 좋았'으며, '엘뤼아르보다 박노해가 좋았'고, '철수보다 폴이 좋았'다고. '혁명이, 철학이' 더 좋은 이유는 '멀리 있으니까 여기에서', '더 멀리 있으니까'라고.

나는 〈그 머나먼〉의 문장들을 여러 번 종이 위에 옮겨 적었다. 그리고 혼자 되뇌었다. 그래 멀리 있으니까, 여기에서 먼 곳이니까, 먼 시간이니까 여전히 떠나는 거겠지. 여기서 먼 곳이니까 그립고, 떠나니 다시 내가 살던 곳이 그 머나먼 곳이 되니 그리운 것이겠지. 여행이, 시가, 철학이, 혁명이 여기에서, 나에게서 그 머나먼 시간이니 더욱 좋고 애달프고 그리운 것이겠지. 다가갈 수 없는 그 아련한 시간, 그 머나먼 곳에서 헤매는 존재를 찾아 떠나는 것이 여행이자 삶이겠지.

아직 세상에 나오지 않은 나만의 여행 시 컬렉션을 읽으며 여행 내내 행복했다. 이제 정갈하게 만들어진 이 책을 들고 어느 날 문득 다시 여행을 떠날 것이다. 그리고 거미여인의 아름다운 주문도 외울 것이다. 시를 읽으며 여행을 하고 싶은 분들, 여행을 하면서 시를 읽고 싶은 모든 분들 앞에 펼쳐질 날들이 항상 따뜻하고 향기로운 봄날과 같기를 바라며, 이 '시-노래-주문'을 보내드린다. 부디 이 아름다운 시어들이 당신의 끝없는 여행길을 따뜻한 모국어의 향수鄕愁로 감싸주기를.

2015년 1월 더블린에서 이승원

1885. T. H. 1928.
QVID·DE·NOCTE?

#1

나는 꿈속에서 보았다.
지난날의 꿈들이 하나둘씩 다양한 빛깔의 옷을 입고
말을 걸어오는 것을.
내 꿈은 나에게 조용히 질문하고 있었다.
너는 지금 무엇을 찾기 위해 이 머나먼 길을 헤매고 있는가.

U1 L

나에겐 국경을 넘을 권리가 있다

국경을 넘나드는 야간열차는 매혹적이다. 도란거리는 사람들의 수다 소리도 어느새 잠잠해졌다. 대지를 움켜잡고 달리는 기차 바퀴의 맹렬한 진동만이 전달될 뿐이었다. 창밖은 온통 칠흑 같은 어둠이었다. 가끔 반짝거리는 불빛이 나타났다가 아련하게 사라진다. 이 작은 우주 속에서 온갖 망상의 나래를 펼쳤다. 가끔씩 낯선 이름의 역에 기차가 도착할 때마다 웃음이 나왔다. 이렇게 쉽게 국경을 넘다니. 보안검색도 금속탐지도 필요 없었다.

한반도에서 나고 자란 내게 국경은 언제나 접근금지 명령을 뜻했다. 그래서인지 그저 기차표와 여권만으로 나라와 나라의 경계를 넘나드는 게 여간 흥미롭고 매혹적인 일이 아닐 수 없었다. 인간이라면 누구에게나 평등하게 주어져야 할 이동의 자유를 드디어 만끽하는 기분이었다. 여행 지도, 기차 시간표와 시계를 번갈아 보았다. 난 지금 어느 나라의 국경을 넘고 있을까. 조만간 아침이 오면 낯선 나라에 도착해 있겠지. 그곳에서는 또 어떤 파란만장한 일들이 기다리고 있을까.

설렘과 불안과 동경을 가득 실은 유럽 야간열차 안에서 갑자기 처음 기차를 탔던 기억이 떠올랐다. 남도 끝자락에서 서울행 통일호를 탔던 날을 아직도 잊지 못한다. 어머니와 형과 함께 서울행 통일호 막차에 탔다. 그때가 여섯 살이었다. 만석이라 입석표를 샀다. 남도에서 서울까지 흔들거리는 몸을 겨우 가누며 깊은 밤을 견뎌냈다. 화장실에서 풍겨오는 지린내가 고약했지만 처음 탄 기차는 그 자체로 신기한 별세계였다.

깊은 밤을 내달려 첫새벽에 도착한 서울역 광장에서 그 당시의 대우빌딩을 보았을 때 나는 흥분을 감추지 못했다. 내가 살고 있는 세계에 저토록 거대하고 높은 건물이 존재했다니. 서울은 낯선 신세계이자 미지의 세계였다. 그 미지의 세계를 뒤로 한 채 다시 경인선으로 갈아탔다. 풍비박산 난 집안 때문에 도망치듯 인천으로 이주하려고 옷가지 몇 벌만 챙겨 기차에 몸을 실은 어머니의 마음을 이해하기에 나는 너무 어렸다. 여섯 살짜리 꼬마에게 기차는 심장을 고동치게 하는 모험이고, 낯선 서울은 경이로운 풍경이었을 뿐, 어머니 마음 한구석에 자리 잡은 가슴 시린 가족사를 알 턱이 없었다. 어린 시절 기차는 나를 낯선 세계로 인도하는 안테나였다.

밤늦게 오른 기차가 어느덧 국경을 통과하여 이국의 아침에 다다랐을 때의 경이로움은 여전히 신선한 느낌으로 남아 있다.

하지만 10년 넘게 유럽을 여행하면서 겨우 두 번 밤기차를 탔다. 순전히 내 성격 탓이다. 내가 매혹 속의 불안을 견디지 못한다는 사실을 여행하면서 새삼 깨달았다. 어릴 적의 밤기차도 어른이 되어 탄 유럽의 밤기차도 충분히 매혹적이었다. '야간열차' 혹은 '밤기차'라 쓰고 가만히 소리 내어 읽을 때면 괜스레 가슴이 두근거린다. 그렇지만 찬연한 아침을 맞이하려면 깊은 어둠을 견디고 견뎌내야 함을, 그게 우리네 삶의 진리임을 거부하고 싶었다. 혹시 나는 지금 밤기차의 매혹을 이야기하며 먼 과거에서 기억하고 싶은 장면만 현실로 불러내어 싱그러운 추억으로 포장하고 있는 것은 아닐지.

나는 밤기차 대신 오전에 출발하는 기차를 자주 이용한다. 물론 이렇게 하면 시간과 경비가 많이 든다. 그러나 그것이 불필요한 낭비라고 생각하지 않았다. 낭비가 왜 나쁜 걸까 생각해보기도 했다. 아낀다는 말을 하는 건 삶을 현재가 아닌 미래에 못 박기 때문일 것이다. 알 수 없는 미래를 위해 현재를 담보로 삼기보다는 바로 지금 이 순간을 즐기고 싶었다. 이토록 척박한 세상에서 한 번쯤은 시간과 돈을 적극적으로 낭비하고 탕진해보는 것도 괜찮다고 나를 위무했다. 그런 마음 때문인지 동행의 만류에도 불구하고 나는 고집을 꺾지 않았다. 어둠이 아닌 대낮의 세계를, 아련한 노스탤지어가 손짓하는 국경을 넘고 싶다고 우겼다.

한번은 네덜란드 암스테르담에서 덴마크 코펜하겐까지 기차를 탄 적이 있다. 암스테르담 중앙역에서 커피와 빵으로 간단

한 아침을 먹었다. 중간 기착지였던 독일 함부르크에 도착했을 때가 점심 무렵이었다. 잠시 역사를 빠져나와 맥주와 소시지로 점심을 해결했다. 다시 코펜하겐행 기차에 몸을 실었다. 기차는 어느덧 거대한 여객선 속으로 빨려 들어갔다. 여객선은 기차를 품은 채 발트해를 건너고 있었다. 발트해를 횡단하는 여객선의 선상에서 오후의 햇살을 즐기며 커피를 마시고, 코펜하겐에 도착해서 저녁을 먹었다. 하루에 3개국을 이동하며 아침, 점심, 저녁을 먹는 이 황홀한 경험이 밤열차의 낭만보다 더 좋았다.

이탈리아 베네치아에서 독일 베를린으로 이동할 때였다. 베네치아의 따사로운 햇살을 병풍 삼아 기차는 서서히 힘센 근육을 움직이기 시작했다. 산타루치아역Venezia S. Lucia Stazione에서 출발한 기차는 어느덧 한낮의 오스트리아 시골 마을을 지나고 노을이 지는 프라하를 거쳐 이미 깊은 어둠이 내려앉은 베를린에 도착했다. 따사로운 햇살을, 시시각각 변하는 풍경을 즐겼다. 유럽의 모든 풍광을 내 작은 서재로 불러들이는 느낌이었다. 나는 온종일 창밖의 풍경을 하염없이 바라보며 마치 해변의 파라솔 아래 편안하게 누워 책을 보듯, 그렇게 그렇게 책을 읽고, 음악을 듣고, 잠을 자고, 또 책을 읽다 스르르 잠에 빠졌다.

나는 꿈속에서 보았다. 지난날의 꿈들이 하나둘씩 다양한 빛깔의 옷을 입고 말을 걸어오는 것을. 내 꿈은 나에게 조용히 질문하고 있었다.

너는 지금 무엇을 찾기 위해 이 머나먼 길을 헤매고 있는가.

그 머나먼

홍대 앞보다 마레 지구가 좋았다
내 동생 희영이보다 앨리스가 좋았다
철수보다 폴이 좋았다
국어사전보다 세계대백과가 좋다
아가씨들의 향수보다 당나라 벼루에 갈린 먹 냄새가 좋다
과학자의 천왕성보다 시인들의 달이 좋다

멀리 있으니까 여기에서

김 뿌린 센베이 과자보다 노란 마카롱이 좋았다
더 멀리 있으니까
가족에게서, 어린 날 저녁 매질에서

엘뤼아르보다 박노해가 좋았다
더 멀리 있으니까
나의 상처들에서

연필보다 망치가 좋다, 지우개보다 십자나사못
성경보다 불경이 좋다

소녀들이 노인보다 좋다

더 멀리 있으니까

나의 책상에서
분노에게서
나에게서

너의 노래가 좋았다
멀리 있으니까

기쁨에서, 침묵에서, 노래에게서

혁명이, 철학이 좋았다
멀리 있으니까

집에서, 깃털 구름에게서, 심장 속 검은 돌에게서

—
진은영, 《훔쳐가는 노래》, 창비, 2012

이탈한 자가 문득

우리는 어디로 갔다가 어디서 돌아왔느냐 자기의 꼬리를 물고 뱅뱅 돌았을 뿐이다 대낮보다 찬란한 태양도 궤도를 이탈하지 못한다 태양보다 냉철한 뭇별들도 궤도를 이탈하지 못하므로 가는 곳만 가고 아는 것만 알 뿐이다 집도 절도 죽도 밥도 다 떨어져 빈 몸으로 돌아왔을 때 나는 보았다 단 한 번 궤도를 이탈함으로써 두 번 다시 궤도에 진입하지 못할지라도 캄캄한 하늘에 획을 긋는 별, 그 똥, 짧지만, 그래도 획을 그을 수 있는, 포기한 자 그래서 이탈한 자가 문득 자유롭다는 것을

—

김중식, 《황금빛 모서리》, 문학과지성사, 1993

죽편竹篇 1

–여행

여기서부터, – 멀다
칸칸마다 밤이 깊은
푸른 기차를 타고
대꽃이 피는 마을까지
백년이 걸린다

—
서정춘, 《죽편》, 동학사, 2002

병점餠店

병점餠店엔 조그만 기차역 있다 검은 자갈돌 밟고 철도원 아버지 걸어오신다 철길가에 맨드라미 맨드라미 있었다 어디서 얼룩 수탉 울었다 병점엔 떡집 있었다 우리 어머니 날 배고 입덧 심할 때 병점 떡집서 한 점 떼어먹었다 머리에 인 콩 한 자루 내려놓고 또 한 점 떼어먹었다 내 살은 병점 떡 한 점이다 병점은 내 살점이다 병점 철길가에 맨드라미는 나다 내 언니다 내 동생이다 새마을 특급열차가 지나갈 때 꾀죄죄한 맨드라미 깜짝 놀라 자빠졌다 지금 병점엔 떡집 없다 우리 언니는 죽었고 수원水原, 오산烏山, 정남正南으로 가는 길은 여기서 헤어져 끝없이 갔다

—

최정례, 《내 귓속의 장대나무 숲》, 민음사, 1994

The Last Train

저무는 역두驛頭에서 너를 보냈다.
비애야!

개찰구에는
못 쓰는 차표와 함께 찍힌 청춘의 조각이 흩어져 있고
병든 역사歷史가 화물차에 실리어 간다.

대합실에 남은 사람은
아직도
누굴 기다려

나는 이곳에서 카인을 만나면
목 놓아 울리라.

거북이여! 느릿느릿 추억을 싣고 가거라
슬픔으로 통하는 모든 노선이
너의 등에는 지도처럼 펼쳐있다.

—
오장환, 《헌사》, 남만서방, 1939

자화상

산모퉁이를 돌아 논가 외딴 우물을 홀로 찾아가선 가만히 들여다봅니다.

우물 속에는 달이 밝고 구름이 흐르고 하늘이 펼치고 파란 바람이 불고 가을이 있습니다.

그리고 한 사나이가 있습니다.
어쩐지 그 사나이가 미워져 돌아갑니다.

돌아가다 생각하니 그 사나이가 가엾어집니다. 도로 가 들여다보니 사나이는 그대로 있습니다.

다시 그 사나이가 미워져 돌아갑니다.
돌아가다 생각하니 그 사나이가 그리워집니다.

우물 속에는 달이 밝고 구름이 흐르고 하늘이 펼치고 파란 바람이 불고 가을이 있고 추억처럼 사나이가 있습니다.

—
윤동주, 《하늘과 바람과 별과 시》, 정음사, 1948

전라도 길

–소록도로 가는 길에

가도 가도 붉은 황톳길
숨막히는 더위뿐이더라.

낯선 친구 만나면
우리들 문둥이끼리 반갑다.

천안 삼거리를 지나도
쑤세미 같은 해는 서산에 남는데

가도 가도 붉은 황톳길
숨막히는 더위 속으로 쩔름거리며
가는 길…….

신을 벗으면
버드나무 밑에서 지까다비를 벗으면
발가락이 또 한 개 없다.

앞으로 남은 두 개의 발가락이 잘릴 때까지
가도 가도 천리 길, 먼 전라도 길.

—
한하운, 《한하운 시초》, 정음사, 1949

나와 나타샤와 흰 당나귀

가난한 내가
아름다운 나타샤를 사랑해서
오늘밤은 푹푹 눈이 나린다

나타샤를 사랑은 하고
눈은 푹푹 날리고
나는 혼자 쓸쓸히 앉어 소주를 마신다
소주를 마시며 생각한다
나타샤와 나는
눈이 푹푹 쌓이는 밤 흰 당나귀 타고
산골로 가자 출출이* 우는 깊은 산골로 가 마가리*에 살자

눈은 푹푹 나리고
나는 나타샤를 생각하고
나타샤가 아니 올 리 없다
언제 벌써 내 속에 고조곤히* 와 이야기한다

* 출출이: 뱁새, 붉은머리오목눈이.
* 마가리: 오막살이.
* 고조곤히: 고요히.

산골로 가는 것은 세상한테 지는 것이 아니다
세상 같은 건 더러워 버리는 것이다

눈은 푹푹 나리고
아름다운 나타샤는 나를 사랑하고
어데서 흰 당나귀도 오늘밤이 좋아서 응앙응앙 울을 것이다

—
백석, 《여성》 3권 3호, 1938

쌍두마차

나는 나의 조국을 모른다
내게는 정계비 세운 영토란 것이 없다
-그것을 소원하지 않는다

나의 조국은 태어난 시간이고
나의 영토는 나의 쌍두마차가 굴러갈
그 구원久遠한 시간이다

나의 쌍두마차가 지나는
우거진 풀 속에서
나의 푸르른 진리의 놀라운 진화를 본다
산협山峽을 굽어보면서 꼬불꼬불 넘는 영嶺에서
줄줄이 뻗은 숨쉬는 사상을 만난다

열기를 토하면서
나의 쌍두마차가 적도선을 돌파할 때
거기엔 억센 심장의 위엄이 있고
계절풍과 싸우면서 동토대凍土帶를 지나
북극으로 다시 남극으로 돌진할 때

거기선 확확 타오르는 삶의 힘을 발견한다

나는 항상 나를 모험한다
그러나 나는 나의 천성을 슬퍼도 하지 않고
기약없는 여로를
의심하지도 않는다

명일의 새로운 지구地區가 나를 부르고
더욱 나는 그것을 믿길래
나의 쌍두마차는 쉴새없이 굴러간다
날마다 새로운 여정을 탐구한다

—

이용악, 《분수령》, 삼문사, 1937

오래된 여행가방

스무살이 될 무렵 나의 꿈은 주머니가 많이 달린 여행가방과 펠리컨 만년필을 갖는 것이었다. 만년필은 주머니 속에 넣어두고 낯선 곳에서 한번씩 꺼내 엽서를 쓰는 것.

만년필은 잃어버렸고, 그것들을 사준 멋쟁이 이모부는 회갑을 넘기자 한달 만에 돌아가셨다.

아이를 낳고 먼 섬에 있는 친구나, 소풍날 빈방에 홀로 남겨진 내 짝 홍도, 애인도 아니면서 삼년 동안 편지를 주고받은 남자, 머나먼 이국땅에서 생을 마감한 삼촌……

추억이란 갈수록 가벼워지는 것. 잊고 있다가 문득 가슴 저려지는 것이다.

이따금 다락 구석에서 먼지만 풀썩이는 낡은 가방을 꺼낼 때마다 나를 태운 기차는 자그락거리며 침목을 밟고 간다. 그러나 이제 기억하지 못한다. 주워온 돌들은 어느 강에서 온 것인지, 곱게 말린 꽃들은 어느 들판에서 왔는지.

어느 외딴 간이역에서 빈자리를 남긴 채 내려버린 세월들. 저 길이 나를 잠시 내려놓은 것인지, 외길로 뻗어 있는 레일을 보며 곰곰 생각해본다. 나는 혼자이고 이제 어디로든 다시 돌아갈 수 없다는 것을.

—
김수영, 《오랜 밤 이야기》, 창작과비평사, 2000

#2

별이 빛나는 창공을 보고,
갈 수가 있고 또 가야만 하는 길의 지도를
읽을 수 있던 시대는 얼마나 행복했던가?
그리고 별빛이 그 길을 훤히 밝혀주던 시대는
얼마나 행복했던가?

여행은

우리 삶의 지도이자

나침반

베를린 외곽의 작은 도시 말로우Mahlow에 한 달간 머문 적이 있다. 말로우에 도착한 것은 자정 무렵이다. 그날따라 비가 내렸다. 온통 어둠이 깔렸고, 그 어둠 속으로 내리치는 빗줄기에 여행자의 몸은 더욱 지쳐갔다. 겨우 숙소를 찾아 짐을 풀고 이내 잠이 들었다. 시커먼 어둠 속에 비까지 내리던 말로우와의 첫 만남은 앞으로 마주칠 온갖 고난을 예고하는 불길한 징조 같았다.

다음 날 언제 그랬냐는 듯이 날씨가 화창했다. 숙소의 창문으로 다가서자 놀라운 풍경과 마주쳤다. 황금빛 밀밭이 파도처럼 출렁이며 드넓게 펼쳐져 있었다. 어젯밤과는 사뭇 다른 풍경이었다. 동네를 어슬렁거리며 산책을 즐겼다. 일단 숙소를 중심으로 역까지 가는 방향을 점검하며 걸었다. 숙소를 반경으로 약 1킬로미터 이내의 지형과 지물을 파악하는 게 내 오랜 여행 습관이다. 그 길에서 나는 우연히 홀로 고아한 자태를 뽐내는 벤치를 발견했다. 약 500미터쯤 되는 기다란 길 중간에 유일하게 들어앉은 벤치였다.

아침저녁으로 숙소에서 말로우역까지 타박타박 걸어 다녔다. 천천히 주변을 구경하며 역까지 걸어가면 약 20분 정도가 걸렸다. 매일 그 벤치를 쳐다보았다. 몇 마리의 말들이 뛰노는 들판을 향해 자리 잡은 그 벤치의 묘한 매력에 빠져들었다. 이른 새벽에도, 오전에도, 점심 때에도, 저녁 때에도, 자정이 넘어서도 그 벤치를 보며 여행의 시작과 귀환의 안부를 전하곤 했다. 어린 시절 엄마께 "학교 다녀왔습니다!"라고 소리치며 책가방을 탁 내려놓던 그 상쾌한 기분으로. 내가 움직이는 시간과 마을 사람들의 일과가 사뭇 달라서인지 나는 그 벤치에 앉아 휴식을 취하는 사람들을 한 번도 본 적이 없었다. 그래서 더욱 매력적으로 느껴졌다. 과연 누가 저 벤치에 앉을까. 그 벤치는 마치 철학자의 벤치처럼 보였다. 생각하지 않는 자는 앉지도 말라는.

홍대 밤거리를 연상시키는 구동독 거리에서 늦게까지 흥청거리고 돌아오던 깊은 밤, 말로우에 온 지 보름이나 지나서야 그 벤치에 처음 앉아보았다. 그동안 그 벤치는 내게 풍경화 속의 사물에 가까웠다. 나는 풍경화 속으로 들어가 홀로 그 벤치에 앉았다. 그리고 짙은 어둠이 깔려 사방이 교교한 밤하늘을 보았다. 말로우의 벤치에 앉아 보았던 그 별은 지금까지 내가 보았던 그 어떤 별보다 환하게 빛났다. 아무런 인기척도 없는 낯선 타향의 어둠 속에서 빛나던 그 별들이 밝게, 더없이 밝게 보인 것은 이 세상에 나 홀로 존재한다는 느낌 때문이었을 것이다. 그것은 막막한 외로움이 아니었다. 도시의 삭막한 생활 때문에 잃어버렸던 마음의 별자리를 되찾은 느낌이었다.

별을 바라보고 있으니 상념에 잠겼다. 윤동주의 〈별 헤는 밤〉이나 〈서시〉를 떠올릴 만한 분위기였으나, 신기하게도 대학시절 잠시 읽었던 헝가리 출신의 위대한 사상가 죄르지 루카치György Lukács가 쓴 《소설의 이론》의 첫 구절이 떠올랐다.

> 별이 빛나는 창공을 보고, 갈 수가 있고 또 가야만 하는 길의 지도를 읽을 수 있던 시대는 얼마나 행복했던가? 그리고 별빛이 그 길을 훤히 밝혀주던 시대는 얼마나 행복했던가?

루카치는 고대 그리스 시대를 생각하며 아름답고 시적이며 또한 철학적인 위 문장을 썼다. 루카치는 별빛이 살아갈 길의 지도를 훤히 밝혀주던 시대가 있었다고 믿었다. 루카치는 인간과 자연, 나와 세계, 나와 타자가 서로를 구별하면서도 구별하지 않는 조화로운 세계가 한때 존재했다고 믿었던 것이다.

하지만 우리가 살아가고 있는 현대는 루카치의 염원과는 달리 평화로운 세상은 아니다. 조화를 상실한 현대인의 우울과 비애에 대한 애도의 심정이 바로 저토록 빛나는 문장으로 되살아난 것이다.

가끔씩 말로우의 별빛이, 내 고향 남도의 별빛이, 이 척박한 현실을 견뎌내고 내가 가야 할 길의 지도를 훤히 밝혀주길 바란다. 그리하여 '별을 노래하는 마음으로 / 모든 죽어가는 것을 사랑'하며 '나한테 주어진 길을 / 걸어가야겠다'라던 윤동주의 바람이, 바람이 아닌 현실이 되었으면 좋겠다. 말로우 밤하늘을 총총히 수놓은 별빛, 두브로브니크의 아드리아해에 쏟아지던 별빛이 고독한 방랑자의 떠돎이 아니라 타자들의 세상과 함께 공존할 수 있는 우리네 삶의 지도를 밝혀주는 따사로운 빛이었으면.

오키나와, 튀니지, 프랑시스 잠

우리가 갈 수 있는 끝이
여기까지인 게 시시해
소라게처럼 소라게처럼

우리는 각자
경치 좋은 곳에 홀로 서 있는 전망대처럼
높고 외롭지만
그게 다지

우리는 걸었지 돌아보니 발자국은 없었지
기었던 걸까 소라게처럼 소라게
처럼

+

신중해지지 않을게
다만 꽃처럼 향기로써 이의제기를 할게
이것을 절규나 침묵으로 해석하는 건
독재자의 업무로 남겨둘게

너는, 네가 아니라는 이 아득한 활주로, 나는 달리고 너는 받치고 나는 날아오르고 너는 손뼉을 쳐줘 우리는 멀어지겠지만 우리는 한곳에서 만나지 그때마다 우리가 만났던 그 장소들에서. 어깨를 겯는 척하며 어깨를 기댔던 그곳에서

"좋은 위로는 어여쁜 사랑이니, 오래된 급류가의 어린 딸기
처럼"*

+

소라게 한 마리가 집을 버리는 걸 우리는 본 적이 있지 팔 한쪽 다리 한쪽을 버려가며 걷는 걸 본 적이 있지 그때 재스민 한 송이가 떨어지는 걸 본 적이 있지 소라게가 재스민 꽃잎을 배낭처럼 업고서 다시, 걸어가는 걸 우리는 본 적이 있지

우리가 우리를 은닉할 곳이
여기뿐인 게 시시해
소라게처럼 소라게처럼

+

나의 발뒷꿈치가 피를 흘리거든
절벽에 핀 딸기 한 송이라 말해주렴

너의 머릿칼에서
피 냄새가 나거든
재스민 향기가 난다고 말해줄게

—
김소연, 《수학자의 아침》, 문학과지성사, 2013

* 프랑시스 잠 〈시냇가 풀밭은〉에서 빌려옴.(김소연의 주)

즐거운 편지

1

내 그대를 생각함은 항상 그대가 앉아 있는 배경에서 해가 지고 바람이 부는 일처럼 사소한 일일 것이나 언젠가 그대가 한없이 괴로움 속을 헤매일 때에 오랫동안 전해오던 그 사소함으로 그대를 불러 보리라.

2

진실로 진실로 내가 그대를 사랑하는 까닭은 내 나의 사랑을 한없이 잇닿은 그 기다림으로 바꾸어 버린 데 있었다. 밤이 들면서 골짜기엔 눈이 퍼붓기 시작했다. 내 사랑도 어디쯤에선 반드시 그칠 것을 믿는다. 다만 그때 내 기다림의 자세를 생각하는 것뿐이다. 그동안에 눈이 그치고 꽃이 피어나고 낙엽이 떨어지고 또 눈이 퍼붓고 할 것을 믿는다.

—
황동규, 《황동규 시선》, 민음사, 1975

새

저 청청한 하늘
저 흰구름 저 눈부신 산맥
왜 날 울리나
날으는 새여
묶인 이 가슴

밤새워 물어뜯어도
닿지 않는 밑바닥 마지막 살의 그리움이여
피만이 흐르네
더운 여름날의 썩은 피

땅을 기는 육신이 너를 우러러
낮이면 낮 그여 한 번은
울 줄 아는 이 서러운 눈도 아예
시뻘건 몸뚱어리 몸부림 함께
함께 답새라
아 끝없이 새하얀 사슬 소리여 새여
죽어 너 되는 날의 길고 아득함이여

낮이 밝을수록 침침해가는
넋 속의 저 짧은
여위어 가는 저 짧은 볕발을 스쳐
떠나가는 새

청청한 하늘 끝
푸르른 저 산맥 너머 떠나가는 새
왜 날 울리나
덧없는 가없는 저 눈부신 구름
아아 묶인 이 가슴

—
김지하, 《타는 목마름으로》, 창작과비평사, 1982

키 큰 남자를 보면

키 큰 남자를 보면
가만히 팔 걸고 싶다
어린 날 오빠 팔에 매달리듯
그렇게 매달리고 싶다
나팔꽃이 되어도 좋을까
아니, 바람에 나부끼는
은사시나무에 올라가서
그의 눈썹을 만져 보고 싶다
아름다운 벌레처럼 꿈틀거리는
그의 눈썹에
한 개의 잎으로 매달려
푸른 하늘을 조금씩 갉아먹고 싶다
누에처럼 긴 잠들고 싶다
키 큰 남자를 보면

—
문정희, 《오라, 거짓 사랑아》, 민음사, 2001

애월涯月에서

당신의 발길이 끊어지고부터 달의 빛나지 않는 부분을 오래 보는 버릇이 생겼습니다 무른 마음은 초름한 꽃만 보아도 시려옵니다 마음 그림자 같은 달의 표면에는 얼마나 많은 그리움의 발자국이 있을까요

파도는 제 몸의 마려움을 밀어내며 먼 곳에서 옵니다 항구에는 지친 배들이 서로의 몸을 빌려 울어댑니다 살 그리운 몸은 불 닿은 노래기처럼 안으로만 파고듭니다

아무리 날카로운 불빛도 물에 발을 들여놓으면 초가집 모서리처럼 순해집니다 먼 곳에서 온 달빛이 물을 만나 문자가 됩니다 가장 깊이 기록되는 달의 문장을 어둠에 누운 나는 읽을 수 없습니다

달의 난간에 마음을 두고 오늘도 마음 밖을 다니는 발걸음만 분주합니다

—
이대흠, 《귀가 서럽다》, 창비, 2010

또 다른 고향

고향에 돌아온 날 밤에
내 백골이 따라와 한 방에 누웠다.

어둔 방은 우주로 통하고
하늘에선가 소리처럼 바람이 불어온다.

어둠 속에 곱게 풍화 작용하는
백골을 들여다보며
눈물짓는 것이 내가 우는 것이냐
백골이 우는 것이냐
아름다운 혼이 우는 것이냐

지조 높은 개는
밤을 새워 어둠을 짖는다.

어둠을 짖는 개는
나를 쫓는 것일 게다.

가자 가자

쫓기우는 사람처럼 가자

백골 몰래

아름다운 또 다른 고향에 가자.

—

윤동주, 《하늘과 바람과 별과 시》, 정음사, 1948

낙화유수

네가 죽어도 나는 죽지 않으리라 우리의 옛 맹세를 저버리지만 그때는 진실했으니, 쓰면 뱉고 달면 삼키는 거지 꽃이 피는 날엔 목련꽃 담 밑에서 서성이고, 꽃이 질 땐 붉은 꽃나무 우거진 그늘로 옮겨가지 거기에서 나는 너의 애절을 통한할 뿐 나는 새로운 사랑의 가지에서 잠시 머물 뿐이니 이 잔인에 대해서 나는 아무 죄 없으니 마음이 일어나고 사라지는 걸, 배고파서 먹었으니 어쩔 수 없었으니, 남아일언이라도 나는 말과 행동이 다르니 단지, 변치 말자던 약속에는 절절했으니 나는 새로운 욕망에 사로잡힌 거지 운명이라고 해도 잡놈이라고 해도 나는, 지금, 순간 속에 있네 그대의 장구한 약속도 벌써 나는 잊었다네 그러나 모든 꽃들이 시든다고 해도 모든 진리가 인생의 덧없음을 속삭인다 해도 나는 말하고 싶네, 사랑한다고 사랑한다고…… 속절없이, 어찌할 수 없이

—
함성호, 《너무 아름다운 병》, 문학과지성사, 2001

나그네

–술 익는 강마을의
저녁노을이여 – 지훈芝薰

강나루 건너서
밀밭 길을

구름에 달 가듯이
가는 나그네

길은 외줄기
남도 삼백리

술 익는 마을마다
타는 저녁 놀

구름에 달 가듯이
가는 나그네

—
박목월, 《청록집》, 을유문화사, 1946

장생포 우체국

지난밤 바다엔 폭풍주의보가 내렸었다
그 사나운 밤바다에서 등을 밝히고
누구에게 무슨 긴 편지를 썼다는 말인지
배에서 내린 사내가 우체국으로 들어온다
바다와 우체국의 사이는 고작 몇 미터가 될까 말까
사내를 따라 문을 힘껏 밀고 들어오는 갯내음,
고래회유해면 밖의 파도소리가
부풀어오른 봉투 속에서 두툼하게 만져진다
드센 파도가 아직도 갑판을 때려대고 있다는 듯
봉두난발 흐트러진 저 글씨체,
속절없이 바다의 필체와 문법을 닮아 있다
저 글씨체만 보고도 성난 바다 기운을 점치고
가슴을 졸일 사람이 있겠구나
그러고 보면 바다에서 쓴 편지는 반은 바다가 쓴 편지,
바다의 아귀힘을 절반쯤 따라간 편지
뭍에 올랐던 파도 소리 성큼성큼 멀어져간다
뿌- 뱃고동 소리에 깜짝 놀란 갈매기 한 마리
우표 속에서 마악 날개를 펴고 있다

—

손택수, 《목련 전차》, 창비, 2006

불빛

때때로 과거에 환하게 불이 켜질 때가 있다
처음엔 어두운 터널 끝에서 차차 밝아오다가
터널을 통과하는 순간 갑자기 확 밝아오는 불빛처럼
과거에 환하게 불이 켜질 때가 있다
특히 어두운 과거의 불행에 환하게 불이 켜져
온 언덕을 뒤덮은 복숭아꽃처럼 불행이 눈부실 때가 있다
봄밤의 거리에 내걸린 초파일 연등처럼
내 과거의 불행에 붉은 등불이 걸릴 때
그 등불에 눈물의 달빛이 반짝일 때
나는 밤의 길을 걷다가 걸음을 멈추고 잠시 고개를 숙인다
멀리 수평선을 오가는 배들의 상처를 어루만지기 위해
등대가 환히 불을 밝히는 것처럼
오늘 내 과거의 불행의 등불이 빛난다는 것은 감사한 일이다
살아갈수록 후회해야 할 일보다 감사해야 할 일이 더 많아
언젠가 만났던 과거불過去佛의 미소인가
불행의 등불을 들고 길을 걸으면 인생이 다 환하다

—

정호승, 《여행》, 창비, 2013

#3

여행을 하면서 마주쳤던 모든 유적들은
내게 나를 또 다른 세상으로 안내해주는 시간의 터널이었다.
과거의 나와 현재의 나를 잇는 그 어두운 터널을 뚫고
나가서 마주하는 나는 과연 어떤 나일까.

우리는 언제나 삶의 이방인

언젠가는 사라질 것만 같은 풍경이 마음을 사로잡을 때가 있다. 청계천을 걷다가 수표교에 멈춰서 한참이나 멍하니 서 있었던 적이 있다. 수표교 위에서 홀로 이방인이 된 듯한 착각에 빠져 오래된 전동 공구 상가들을 바라보았다. 그 아래로 조금만 더 내려가면 거대도시의 화려함 속에 웅크리고 있는 세운상가의 쇠락한 모습이 보였다.

중학교 시절, 주말이면 세운상가에 자주 다녔다. 라디오와 금속 탐지기 등을 직접 만들어보겠노라며 전자 부품 가게를 들락거렸다. 그곳에서 트랜지스터며, 다이오드며, 발광다이오드며, 콘덴서며, 기판 등을 구입했다. 지금은 문학을 전공하는 사람이 되었으나 그때는 문학보다는 전자기기에 더 마음을 빼앗겼던 장난꾸러기 소년이었다. 이제는 곧 역사 속으로 사라져버릴지도 모를 세운상가는 내 어린 시절의 흔적이 다닥다닥 붙어 있는 장소이다.

짝퉁 수표교가 버젓이 서 있는 청계천 일대는 어쩐지 낯설고 이질적인 공간이자, 폐허의 황량함이 자객처럼 밀려오는 장소이자, 어린 시절의 기억이 파편적으로 되살아나는 노스탤지어의 공간이다. 언젠가 세운상가도, 청계천 일대의 작은 모퉁이들도 사라지겠지. 그래서 사라진 것들과 희미해져 가는 기억으로만 집을 지을 수 있는 곳으로 변해버리겠지.

이탈리아의 폼페이에 갔을 때 청계천을 거닐며 느꼈던 것과 같은 기분이 들었다. 그날 폼페이에는 비가 내렸다. 곧 폭풍이 몰아칠 것 같은 거대한 먹장구름이 몰려오고 있었다. 쇠락하다 못해 그 형태조차 온전하지 못한 건물들마저 잿빛으로 물들어 있었다. 알록달록한 우산을 쓴 사람들의 행렬만이, 덩그러니 뼈대만 남은 이곳이 한때는 사람들로 북적거렸던 고대 도시였다는 사실을 환기시켜줄 뿐이었다. 폐허로 전락한 폼페이에서 상상으로 집을 짓고, 저잣거리를 조성하고, 우물을 파고, 놀이터를 만들어본다. 그리고 활화산이었던 베수비오 화산의 풍요가 가져다준 이 고대 도시의 비극을 떠올리며 잠시 모든 풍요와 영화의 찰나성에 대해 생각을 해보았다.

이제는 세계적인 관광지로 탈바꿈한 위대한 고대 문명의 도시 폼페이. 유적지의 상점과 나폴리 곳곳의 기념품 가게에는 복제된 폼페이의 일상이 진열되어 관광객들에게 손짓을 한다. 이탈리아에 갈 때마다 가끔씩 이런 생각이 들었다. 현재의 이탈리아는 과거로만 존재한다고. 이탈리아는 '고대 로마의 찬란했던 제국의 시간'을 전 세계의 이방인들에게 마치 효과 빠른 진통제처럼 주입하고 있는 것 같았다. 신통하게도 이러한 이탈리아의 '의도하지 않은 전략'은 성공한 것처럼 보인다. 남도의 어느 바닷가는 '동양의 나폴리' 혹은 '한국의 나폴리'로 불리니 말이다.

폼페이와 같은 고대 유적을 보면 우리는 역사로만 기억되는 존재라는 생각이 때때로 든다. 황룡사 터도 남대문도 석굴암도 마찬가지다. 유적은 사라진 역사의 흔적을 보여주는 시간의 프리즘이다. 현재를 살아가는 나도 우리도 그들도 모두 과거의 역사로부터 자유로울 수는 없겠지. 지금을 살아가는 나는 현재를 살아가는 게 아니라 과거의 역사를 현재로 불러들여 따로 또 같이 살아가는 느낌이 든다. 한 개인의 역사든 집단의 역사든 민족의 역사든 그 모든 것이 언젠가는 폐허로 변하고 사라져버릴 것이다. 폐허와 유적은 그렇게 한때 찬란하고 위대했던 그 무엇의 한시성을 또렷하게 보여준다. 그리하여 지금의 '나는 누구인가'에 대해 존재론적 물음을 던지게 한다.

유적들은 찰나의 역사를 영원한 것으로 만드는 힘을 지니고 있다. 결코 지속되지 못할 시간을 지속가능한 것처럼 착각하게 만드는 게 유적이 지닌 힘은 아닐지. 어디 역사적 유적만 그렇겠는가. 청계천 세운상가에 아직 흐릿하게 남아 있는 내 기억의 유적도 그렇다. 나는 불완전한 기억의 파편을 모아 한때는 순수했고 아름다웠으며 소중했던 추억의 시간을 나만의 이야기로 만들며 오늘 하루의 시간을 버티고 견뎌내며 살아가고 있는 것일 게다. 그리하여 그 찰나를 영원한 순금의 기억으로 물들이고 싶은 것일 게다.

여행을 하면서 마주쳤던 모든 유적들은 내게 나를 또 다른 세상으로 안내해주는 시간의 터널이었다. 과거의 나와 현재의 나를 잇는 그 어두운 터널을 뚫고 나가서 마주하는 나는 과연 어떤 나일까.

세운상가 키드의 사랑 1

이러지도 저러지도 못하는 지독한 마음의 열병,
나 그때 한여름날의 승냥이처럼 우우거렸네
욕정이 없었다면 생도 없었으리
수음 아니면 절망이겠지, 학교를 저주하며
모든 금지된 것들을 열망하며, 나 이곳을 서성였다네

흠집 많은 중고 제품들의 거리에서
한없이 위안받았네 나 이미, 그때
돌이킬 수 없이 목이 쉰 야외 전축이었기에
올리비아 하세와 진추하, 그 여름의 킬러 또는 별빛
포르노의 여왕 세카, 그리고 비틀즈 해적판을 찾아서
비틀거리며 그 등록 거부한 세상을 찾아서
내 가슴엔 온통 해적들만이 들끓었네
해적들의 애꾸눈이 내게 보이지 않는 길의 노래를 가르쳐주었네

교과서 갈피에 숨겨논 빨간책, 육체의 악마와
사랑에 빠졌지, 각종 공인된 진리는 발가벗은 나신
그 캄캄한 허무의 블랙홀 속으로 빨려들어가고

나 모든 선의 경전이 끝나는 곳에서 악마처럼
착해지고 싶었네, 내가 할 수 있는 짓이란 고작
이 세계의 좁은 지하실 속에서 안간힘으로 죽음을 유희하는 것,
내일을 향한 설렘이여, 우우
무덤은 너를 군것질하며 줄기차게 삶을 기다리네

내 청춘의 레지스탕스, 지상 위의 난
햇살에 의해 남김없이 저격되었지
세상의 열병이 내 몸 속에 들어와 불을 밝혔네
금지된 생生의 집어등이여, 지하의 모든 나를 불러내다오
나는 사유의 야바위꾼, 구멍난 영혼, 흠집 가득한 기억의 육체들을
별빛의 찬란함으로 팔아먹는다네
내 마음의 지하상가는 여전히 승냥이 울음으로 붐비고
나 끝끝내 목이 쉰 야외 전축처럼
해적을 노래부르고 해적의 애꾸눈으로 사랑하리

—

유하, 《세운상가 키드의 사랑》, 문학과지성사, 1995

삼 십 세

이렇게 살 수도 없고 이렇게 죽을 수도 없을 때
서른 살은 온다.
시큰거리는 치통 같은 흰 손수건을 내저으며
놀라 부릅뜬 흰자위로 애원하며.

내 꿈은 말이야, 위장에서 암 세포가 싹 트고
장가가는 거야, 간장에서 독이 반짝 눈뜬다.
두 눈구멍에 죽음의 붉은 신호등이 켜지고
피는 젤리 손톱은 톱밥 머리칼은 철사
끝없는 광물질의 안개를 뚫고
몸뚱어리 없는 그림자가 나아가고
이제 새로 꿀 꿈이 없는 새들은
추억의 골고다로 날아가 뼈를 묻고
흰 손수건이 떨어뜨려지고
부릅뜬 흰자위가 감긴다.

오 행복행복행복한 항복
기쁘다 우리 철판깔았네

—
최승자, 《이 시대의 사랑》, 문학과지성사, 1981

몽산포

마음이 늦게 포구에 가닿는다
언제 내 몸속에 들어와 흔들리는 해송들
바다에 웬 몽산夢山이 있냐고 중얼거린다
내가 그 근처에 머물 때는
세상을 가리켜 푸르다 하였으나
기억은 왜 기억만큼 믿을 것이 없게 하고
꿈은 또 왜 꿈으로만 끝나는가
여기까지 와서 나는 다시 몽롱해진다
생각은 때로 해변의 구석까지 붙잡기도 하고
하류로 가는 길을 지우기도 하지만
살아 있어, 깊은 물소리 듣지 못한다면
어떤 생生이 저 파도를 밀어가겠는가
헐렁해진 해안선이 나를 당긴다
두근거리며 나는 수평선 쪽으로 발길을 돌린다
부풀었던 돛들, 붉은 게들 밀물처럼 빠져나가고
이제 몽산은 없다, 없으므로
갯벌조차 천천히 발자국을 거둔다

—
천양희, 《오래된 골목》, 창작과비평사, 1998

경계

누가 이런 길 내었나
가던 길 끊겼네
무슨 사태 일었나 가파른
벼랑에 목이 잘린 길 하나 걸렸네

옛길 버리고 왔건만
새 길 끊겼네

날은 지고
울던 새도 울음 끊겼네

바람은 수직으로 솟아 불고
별들도 발 아래 지네

길을 가는 데도 걷는 법이 있는 것
지난 길 다 버린 뒤의 경계

아, 나 이제 경계에 서려네
칼날 같은 경계에 서려네

나아가지 못하나 머물지도 못하는 곳
아스라이 허공에 손을 뻗네
나 이제 모든 경계에 서네

—
백무산, 《인간의 시간》, 창작과비평사, 1996

1959년

그해 겨울이 지나고 여름이 시작되어도
봄은 오지 않았다 복숭아나무는
채 꽃 피기 전에 아주 작은 열매를 맺고
불임不姙의 살구나무는 시들어 갔다
소년들의 성기性器에는 까닭없이 고름이 흐르고
의사들은 아프리카까지 이민移民을 떠났다 우리는
유학 가는 친구들에게 술 한잔 얻어 먹거나
이차 대전 때 남양南洋으로 징용 간 삼촌에게서
뜻밖의 편지를 받기도 했다 그러나 어떤
놀라움도 우리를 무기력無氣力과 불감증不感症으로부터
불러내지 못했고 다만, 그 전해에 비해
약간 더 화려하게 절망적인 우리의 습관을
수식修飾했을 뿐 아무것도 추억追憶되지 않았다
어머니는 살아 있고 여동생은 발랄하지만
그들의 기쁨은 소리 없이 내 구둣발에 짓이겨
지거나 이미 파리채 밑에 으깨어져 있었고
춘화春畵를 볼 때마다 부패한 채 떠올라 왔다
그해 겨울이 지나고 여름이 시작되어도
우리는 봄이 아닌 윤리倫理와 사이비 학설學說과

싸우고 있었다 오지 않는 봄이어야 했기에

우리는 보이지 않는 감옥監獄으로 자진해 갔다

—

이성복, 《뒹구는 돌은 언제 잠 깨는가》, 문학과지성사, 1980

선암사 목어

어느 날 깨어나보니 등에 커다란 나무가 솟아나 있었다. 그리고 나의 몸은 잉어였다. 물고기인 나는 헤엄을 쳐야 했지만, 커다란 나무 때문에 꼼짝도 할 수 없었다. 밤에는 눈 감고 잠을 자고 싶었으나, 물고기 눈은 절대 감을 수가 없었으니, 나는 항상 깨어 있어야 했으며, 그리하여 늘 참선을 할 수밖에 없었다. 그 참선의 공덕으로 등에 솟아난 나무가 내 몸으로 들어왔고, 나는 아무것도 먹지 않아도 되었다. 거추장스런 내장을 다 치우고 보니 나의 뱃속에는 아름다운 소리를 내장한 허공이 들어찼다. 내 뱃속을 막대기로 두들기면 모든 사람들은 눈을 떴고, 물고기들의 몸에서는 나무가 자라올랐다. 사람들을 깨우고 물고기를 괴롭히는 것이 하 나는 즐거워, 아침저녁으로 두들겨댄 뱃속의 허공은 자꾸만 깊어만 갔다.

아무것도 먹지 않은 나의 몸은 바람에 깎이고 세월에게 먹히어 서서히 없어져가고 있었다. 없어져가는 나의 몸 속에서는 언제부턴가 새로운 욕심이 새록새록 자라 오르기 시작했는데, 아마 뱃속에 허공이 들어찼던 무렵부터였을 것이다. 그것은 다름아닌 용龍이 되는 것이었다. 용이 되기 위해서는 섬진강을 거슬러올라 용문龍門* 이라는 가파른 협곡을 뛰어올라야 했다.

복숭아꽃 필 무렵 나는 강을 거스르고 거슬러 용문에 다다랐는데, 무려 삼천 번을 시도했으나 말짱 도루묵이었다. 피투성이가 된 나의 비늘이 붉게 물들고 나서야 겨우 용문을 뛰어올라 여의주를 입에 물었다. 나의 머리는 용이 되었으나, 아직 용이 되지 못한 물고기들에게 잠깐 연민의 정을 느낀 탓으로 몸뚱이는 그만 물고기로 남게 되었다. 물고기와 나무와 용의 몸을 한꺼번에 짊어진 나의 몸은 한껏 고달프다. 새벽마다 용울음 소리를 내며 눈을 부릅뜨고, 눈뜬 물고기들의 새벽잠을 깨워야 한다. 나의 노래를 듣는 사람들은 물고기가 되고, 물고기의 등에는 나무가 솟아오른다.

어느 날 깨어나보니 나의 등에 커다란 나무가 솟아나 있었다. 그리고 나의 몸은 붕어였다.

—

차창룡, 《나무 물고기》, 문학과지성사, 2002

* 용문: 《후한서》에 전하기를, 중국 황하의 상류에는 용문(龍門)이라는 거센 급류의 협곡이 있었는데, 많은 잉어들이 물살을 거슬러오르다 거기서 좌절했다 한다. 만약 이 급류를 통과하면 용이 된다고 했다. 그리하여 등용문(登龍門)이라는 말이 생겼다.(차창룡의 주)

낙화

꽃이 지기로서니
바람을 탓하랴.

주렴 밖에 성긴 별이
하나 둘 스러지고

귀촉도 울음 뒤에
머언 산이 다가서다.

촛불을 꺼야 하리
꽃이 지는데

꽃 지는 그림자
뜰에 어리어

하이얀 미닫이가
우련 붉어라.

묻혀서 사는 이의

고운 마음을

아는 이 있을까
저어하노니

꽃이 지는 아침은
울고 싶어라.

—
조지훈, 《청록집》, 을유문화사, 1946

향수鄕愁

넓은 벌 동쪽 끝으로
옛이야기 지줄대는 실개천이 휘돌아 나가고,
얼룩백이 황소가
해설피 금빛 게으른 울음을 우는 곳,

– 그곳이 차마 꿈엔들 잊힐리야.

질화로에 재가 식어지면
빈 밭에 밤바람 소리 말을 달리고,
엷은 졸음에 겨운 늙으신 아버지가
짚베개를 돋아 고이시는 곳,

– 그곳이 차마 꿈엔들 잊힐리야.

흙에서 자란 내 마음
파아란 하늘 빛이 그리워
함부로 쏜 화살을 찾으려
풀섶 이슬에 함추름 휘적시던 곳,

— 그곳이 차마 꿈엔들 잊힐리야.

전설 바다에 춤추는 밤 물결 같은
검은 귀밑머리 날리는 어린 누이와
아무렇지도 않고 예쁠 것도 없는
사철 발벗은 안해가
따가운 햇살을 등에 지고 이삭 줍던 곳,

— 그곳이 차마 꿈엔들 잊힐리야.

하늘에는 성긴 별
알 수도 없는 모래성으로 발을 옮기고,
서리까마귀 우지짖고 지나가는 초라한 지붕,
흐릿한 불빛에 돌아앉아 도란도란거리는 곳,

— 그곳이 차마 꿈엔들 잊힐리야.

—
정지용, 《정지용 시집》, 시문학사, 1935

낙화

가야 할 때가 언제인가를
분명히 알고 가는 이의
뒷모습은 얼마나 아름다운가.

봄 한철
격정을 인내한
나의 사랑은 지고 있다.

분분한 낙화……
결별이 이룩하는 축복에 싸여
지금은 가야 할 때.

무성한 녹음과 그리고
머지않아 열매 맺는
가을을 향하여

나의 청춘은 꽃답게 죽는다.

헤어지자

섬세한 손길을 흔들며
하롱하롱 꽃잎이 지는 어느 날

나의 사랑, 나의 결별,
샘터에 물 고이듯 성숙하는
내 영혼의 슬픈 눈.

—
이형기, 《적막강산》, 모음출판사, 1963

달이 걸어오는 밤

저 달이 걸어오는 밤이 있다
달은 아스피린 같다
꿀꺽 삼키면 속이 다 환해질 것 같다

내 속이 전구알이 달린
크리스마스 무렵의 전나무같이 환해지고
그 전나무 밑에는
암소 한 마리

나는 암소를 이끌고 해변으로 간다
그 해변에 전구를 단 전나무처럼 앉아
다시 달을 바라보면

오 오, 달은 내 속에 든 통증을 다 삼키고
저 혼자 붉어져 있는데, 통증도 없이 살 수는 없잖아,
다시 그 달을 꿀꺽 삼키면
암소는 달과 함께 내 속으로 들어간다

온 세상을 다 먹일 젖을 생산할 것처럼

통증이 오고 통증은 빛 같다 그 빛은 아스피린 가루 같다

이렇게 기쁜 적이 없었다

—

허수경, 《청동의 시간 감자의 시간》, 문학과지성사, 2005

귀천

—주일主日

나 하늘로 돌아가리라
새벽빛 와 닿으면 스러지는
이슬 더불어 손에 손을 잡고,

나 하늘로 돌아가리라.
노을빛 함께 단 둘이서
기슭에서 놀다가 구름 손짓하며는,

나 하늘로 돌아가리라.
아름다운 이 세상 소풍 끝내는 날,
가서, 아름다웠더라고 말하리라……

—
천상병, 《창작과 비평》, 1970. 6

나는 지도를 펼쳐 거미줄처럼 엉켜 있지만
나름의 규칙을 갖고 있는 골목들을 살피곤 했다.
골목은 대부분 광장으로 연결되어 있었다.
나는 광장을 중심에 두고,
그 광장으로 이어지는 골목들을 입구로 삼는다.
광장은 내 여행의 목적지가 아니라 골목을 탐사하기 위한 나침반이다.
유럽 골목길은 꿈속의 미로처럼 달콤하게 여행자를 유혹한다.

골목길을 돌아
과거의 나와
마주치다

걷고 걸어도 새삼 또 걷고 싶은 곳이 있다. 추억을 머금은 골목길이 그렇다. 언젠가 초등학교 때 살았던 동네를 가본 적이 있다. 지금은 재정비되어 옛 추억의 흔적만이 어렴풋하게 남은 동네다. 다닥다닥 붙은 슬레이트 지붕의 집들이 불규칙적으로 모여 있었다. 나는 그 동네의 골목에서 유년을 보냈다. 친구들과 숨바꼭질을 하고, 딱지치기를 하고, 구슬치기를 하며 골목골목을 헤집고 다녔다. 가끔은 이웃집 담벼락에 내 딱지와 구슬을 모두 따간 동네 형을 향한 걸쭉한 욕 한 바가지를 낙서로 남겼다.

골목길은 내 유년의 툇마루 같은 장소였다. 창문을 열면 바로 앞집의 창문이 보였다. 그 집에서 흘러나오는 텔레비전 소리도 들렸다. 앞집 아저씨와 아줌마의 격한 다툼도 들려왔다. 하지만 그것은 소음이 아니라 그저 우리네 삶의 다양한 풍경 중 하나일 따름이었다. 골목길을 휘돌아 굽이치는 사람들의 음성, 쿵쿵거리며 뛰어다니는 아이들의 발걸음, 남의 집 담장에 힘껏 공을 차는 개구쟁이들, 장독대 위에 널려 있는 신발들이며 빨래들이 모두 한데 어우러져 그 동네가 살아 있음을 알렸다. 그 어수선한 풍경 속에서도 함께 살아가는 사람들의 온기는 식을 줄 몰랐다.

서정주는 '스물세 해 동안 나를 키운 건 팔할八割이 바람'이었다고 말했는데, 나의 감성을 키운 팔할은 골목길이다. 나는 구불구불한 골목길을 넉넉하게 품은 곳을 좋아한다. 비록 구불구불한 골목길은 아니지만 어린 시절의 향수를 자극하는 부산 남포동 거리도 좋다. 부산이 고향이 아님에도 고향만큼 부산에 자주 놀러 갔다. 남포동과 국제시장을 잇는 거리는 옛 골목의 현대식 버전이다. 서울을 비롯한 수도권 영화관은 멀티플렉스가 장악한 지 오래다. 대충 튀긴 팝콘과 밍밍한 콜라를 권하는 멀티플렉스는 아직도 어색하다. 남포동 거리에 있는 대형 극장 앞에서는 예전 서울의 극장가가 그랬듯이 여전히 문어다리와 오징어와 쥐포와 각종 군것질거리를 판다. 극장가 주변에는 점집과 다양한 포장마차가 끝없이 둥지를 틀고 있다. 바닥에 어수선하게 널브러져 있는 전선줄에도 사람살이의 온기가 넉넉하다. 그런 길이야말로 바로 우리네 삶이 살아 숨 쉬는 길이지 않을까.

이런 성격 탓인지 유럽여행을 하면서 유난히 내 마음을 사로잡은 곳은 톨레도, 피렌체, 베네치아였다. 톨레도의 은공예

나 엘 그레코의 그림보다, 피렌체의 르네상스 예술이나 우피치 미술관보다, 베니스의 가면이나 곤돌라보다 그 도시가 품은 골목길에 더 매료되었다. 톨레도, 피렌체, 베네치아는 골목으로 연결된 도시다.

나는 지도를 펼쳐 거미줄처럼 엉켜 있지만 나름의 규칙을 갖고 있는 골목들을 살피곤 했다. 골목은 대부분 광장으로 연결되어 있었다. 톨레도의 소코도베르 광장Plaza de Zocodover, 피렌체의 시뇨리아 광장Piazza della Signoria, 베네치아의 산 마르코 광장San Marco Piazza. 나는 광장을 중심에 두고, 그 광장으로 이어지는 골목들을 입구로 삼는다. 광장은 내 여행의 목적지가 아니라 골목을 탐사하기 위한 나침반이었다. 유럽 골목길은 꿈속의 미로처럼 달콤하게 여행자를 유혹한다.

나는 오랜 여행 끝에 길을 잃지 않는 법을 터득했다. 베네치아에 일주일 남짓 머물 때였다. 산 마르코 광장을 중심에 놓고 그곳으로 향하는 골목 다섯 군데를 지도에 표시해두었다. 낯선 곳에서 길을 잃지 않기 위한 내 나름의 방식이었다. 하루에 한 골목을 선택해 여행을 시작했다. 되돌아올 때도 그날 아침에 들어선 골목을 되밟고 나왔다. 아침의 골목과 저녁의 골목은 빛도, 온도도, 색감도, 사람들의 움직임도 다르기 때문이다.

그렇게 하루에 하나의 골목길을 걸으며 타인의 삶을 엿보았다. 공동 수도에서 아이들과 함께 물을 마시기도 하고, 창가에 무심히 놓인 화분을 구경하기도 하고, 골목을 경계로 집과

집 사이를 연결하는 빨랫줄에 걸린 형형색색의 빨래를 눈부시게 바라보기도 했다. 골목을 가운데 두고 창문과 창문을 연결한 빨랫줄은 빨래를 널기 위해 있는 것만이 아닌 듯 싶었다. 빨랫줄을 타고 서로의 온기를 주고받는 것 같았다. 마치 유네스코에서 빨래 너는 방법과 빨래의 색깔을 정해주기라도 한 것처럼, 빨래마저도 눈부시던 유럽 골목길의 풍경. 빨랫줄 아래로 펼쳐진 꼬불꼬불한 골목길을 걸으며, 이 길이야말로 누구도 쳐들어올 수 없는 내 마음의 비무장지대가 아닐까 하는 몽상에 잠겨보았다.

내 마음의 비무장지대인 골목길에는 다시 돌아갈 수 없는 유년의 시간과 세련된 것과는 거리가 먼 왁자지껄한 삶의 냄새가 물들어 있었다. 유선형으로 기운 저 골목을 돌면 내 옛 동무가 딱지와 구슬을 들고 짠 하고 나타날 것 같고, 옆집 누나가 '아이스께끼'를 들고 손을 흔들 것만 같고, 고무줄을 끊고 헤헤거리며 달아나는 아이들과 마주칠 것만 같고, 줄곧 동네 형이 짝사랑하던 여자친구가 살포시 걸어올 것만 같다. 유럽 골목길은 내 유년의 뒷골목을, 사라져 더 이상 다가갈 수 없어 추억으로만 남은 그 시간 속으로 떠나게 만드는 살아 있는 타임머신이다.

봄날은 간다

내가 보낸 삼월을 무엇이라 해야 하나
이월 매화에 춘설이 난분분했다고, 봄비가 또 그 매화 봉오리를 적셨다고
어느 날은 춘풍이 하도 매워 매화 잎을 여럿 떨어뜨렸다고
하여 매화 보러 길 떠났다 바람이 찬 하루는
허공을 쓸어 담듯 손을 뻗어 빈손을 움켜쥐어보며 종일 누워 있었다고 해야 하나

아니면 그저 한 순간과 다음 순간 사이의 빈틈에서 별똥별이 두 번이나 떨어졌다고 해야 하나
무슨 귀하고 애틋한 것이 지상에서 사라지는지 별똥별이
몸을 누이고 있었던 그 적막한 날의 객창客窓으로
한 번은 길게 또 한 번은 짧게 안으로 쏟아지듯 스러졌다고 말해야 할지

내가 알 수 없는 그 일이 여러 날 마음을 지그시 누르며
어릿어릿 사람을 아프게 했다고 할까

내가 보낸 삼월은 그리하여 그늘도, 꽃도, 적막함도, 가파름

도 함께였는데

삼월이 간다고, 괜히 봄비 내리는 저녁을 탓한다네

별똥별이 떨어져 그날 무엇이 내게로 와 사라진다 말한 건지

긴 저녁의 빗소리로 삼월을 마저 보내면 나는 또 누구의 눈앞에서 별똥별 같은 것이 되어

삼월이 아주 간다고 그렇게 말하며 스러지게 되는 걸까

내게 그리움이 찾아들었다고, 서러움이 다시 시작되었노라고

알 수 없는 가파른 그 높이를 천천히 한 걸음씩 다 걸어가보아야 할 거라고

나는 내게 나지막이 밤하늘을 바라보며 그렇게 속삭일 뿐

—

조용미, 《나의 별서에 핀 앵두나무는》, 문학과지성사, 2007

카메라, 키메라

우스운 일이지만,
나는 카메라 한 대로 모든 시간을 포획하려는 꿈을 아직 버리지 못한다
당신의 얼굴을 담으려다가
두 개의 망막을 거쳐 내 심장에 가설된 집에는
당신이 떠난 자리만 휑뎅그렁 살아 있는 나보다
더 크고 살갑다
대개 과장법이 잘 통하는 나의 카메라는
사람 여자의 몸에 공룡 머리를 얹은 모습으로
당신을 기억한다
당신은 내 기억보다 훨씬 먼 시간의 지층 아래
흙과 나무의 처소로
봄마다 아름답게 환생하지만
당신이 꾸역꾸역 이 세상의 멸망을 앞당기며
미래의 생을 즐기는 동안,
찍으면 찍을수록 공기의 보이지 않는 결만 지문처럼 분명해지는
카메라를 들고 나는
당신의 길고 긴 꼬리를 좇아

백 권의 책을 불 싸지르고
소리쳐도 뱉어지지 않는
몸 안의 검은 옹이들을 하복부로 몰아넣으며
당신이 한사코 거절해버린
귀여운 벌레들의 미래 도시를 상상임신한다
인간의 밥보다는
인간이 뱉어낸 찌끼들과
꽃들에게 짓찢긴 마음의 분방한 운동보다는
몸 밖으로 빠져나온 상처의 분비물들에
순정이 동하는 나의 카메라는
내가 이번 생에 쟁취한 유일한 전리품
사람 여자의 몸을 내던진 당신이
살금살금 뒷물 흘리며 봄의 훈향을 대륙의 모래먼지로 뒤바
꾼다 한들
어떤 한계를 넘어서려는 듯
제 속의 사악한 것을 토하려는 듯
낮게 찰랑거리는 허공에서
낯선 풍경으로 상영되는 내 마음의 돌연한 사건들이
지난한 욕정의 형식을 시연試演하는 걸 막을 순 없다

봄이면 귀환하는 먼 미래의 악취 속에서
나는 이미
당신이 찍어놓은 과거의 얼굴들이기 때문이다

—
강정, 《키스》, 문학과지성사, 2008

서시序詩

간이식당에서 저녁을 사 먹었습니다
늦고 헐한 저녁이 옵니다
낯선 바람이 부는 거리는 미끄럽습니다
사랑하는 사람이여, 당신이 맞은편 골목에서
문득 나를 알아볼 때까지
나는 정처 없습니다

당신이 문득 나를 알아볼 때까지
나는 정처 없습니다
사방에서 새소리 번쩍이며 흘러내리고
어두워가며 몸 뒤트는 풀밭,
당신을 부르는 내 목소리
키 큰 미루나무 사이로 잎잎이 춤춥니다

—

이성복, 《남해 금산》, 문학과지성사, 1986

상한 영혼을 위하여

상한 갈대라도 하늘 아래선
한 계절 넉넉히 흔들리거니
뿌리 깊으면야
밑둥 잘리어도 새순은 돋거니
충분히 흔들리자 상한 영혼이여
충분히 흔들리며 고통에게로 가자

뿌리 없이 흔들리는 부평초잎이라도
물 고이면 꽃은 피거니
이 세상 어디서나 개울은 흐르고
이 세상 어디서나 등불은 켜지듯
가자 고통이여 살 맞대고 가자
외롭기로 작정하면 어딘들 못 가랴
가기로 목숨 걸면 지는 해가 문제랴

고통과 설움의 땅 훨훨 지나서
뿌리 깊은 벌판에 서자
두 팔로 막아도 바람은 불듯
영원한 눈물은 없느니라

영원한 비탄이란 없느니라

캄캄한 밤이라도 하늘 아래선
마주잡을 손 하나 오고 있거니

—
고정희, 《이 시대(時代)의 아벨》, 문학과지성사, 1983

빈집

사랑을 잃고 나는 쓰네

잘 있거라, 짧았던 밤들아
창밖을 떠돌던 겨울 안개들아
아무것도 모르던 촛불들아, 잘 있거라
공포를 기다리던 흰 종이들아
망설임을 대신하던 눈물들아
잘 있거라, 더 이상 내 것이 아닌 열망들아

장님처럼 나 이제 더듬거리며 문을 잠그네
가엾은 내 사랑 빈집에 갇혔네

—
기형도, 《입 속의 검은 잎》, 문학과지성사, 1989

뒷골목 풍경

내가 만약 서역에 산다면
여름날 저녁마다
문 앞에 탁자를 내다놓고 장기를 두리라
벗들과 모여앉아 마작을 하리라
손주녀석 안고 나와 바람 쐬며 행인을 보리라
친한 이웃들과 삿자리 깔고 모여앉아 담소 나누리라
침침한 전등불 켜진 이발소에서
머리를 깎으리라
노천 과일가게에서 흥정을 하리라
매캐한 연기 휘감아올리며
목로주점에 앉아 석쇠 위에 양고기 구우리라
그곳에서 독한 고량술도 한잔 하리라
잠시 후 술이 오르면
밤 불빛에 울긋불긋 드러나는 간판들과
채색된 대문들을 바라보리라

—
이동순, 《마음의 사막》, 문학동네, 2005

실향失鄕

설 전날, 엄마랑 고모랑, 허름한 동네 식당에서 아구찜을 먹다, 남편도 없고 아버지도 없는 이날을 명절이라 하기에는 처량하도다, 아버지, 하고 속으로 부르니 슬픔이 미더덕처럼 터져 맘 한구석이 크게 데이다, 식당 안쪽 골방을 엿보니 말로만 듣던 하우스라, 고향이 철천지원수가 된 사내들, 거나한 도박판이라, 과묵한 패가망신의 영토라, 그들의 비루한 나날이 고모랑 엄마의 청승과 도무지, 상관없는 듯도 하고, 있는 듯도 하여라, 생선 가시를 퉤퉤, 발라내며 수다 꽃을 피우는 두 여인네 사이에, 나는 한 마리 어색한 남정네, 후식이랍시고, 그것도 명절 선심이랍시고, 자판기 커피 홀짝이며, 문틈으로 얼보이는 힘줄 돋은 손아귀들, 휙휙 뒤집혀 착착 붙는 화투패들에게로, 생선 뼈처럼 의뭉스런 눈길을 보내네, 밥 다 먹고 기억 아득한, 합정동 골목길 되짚어 고모댁네 들러, 설 전날이라, 까치설이라, 명란젓이며, 만두며, 곶감이며, 점점이, 알알이, 주거니 받거니, 엄마랑 고모는 지극한 맛의 꽃 패를 마루 위에 펼쳐 보이시네, 바리바리 싸들고 집에 오는 길, 교통방송이 전하는 지혜의 말씀, 고향 가는 길은 돌아가는 길이 없습니다, 직진, 오로지 직진입니다, 엄마랑 나, 직진으로 경부선 타다 판교 인터체인지에서 분당으로 빠지는데, 이것은 영락없는 실향의 길이라, 남편도 없고, 아버지도 없고, 할아버지도 없고, 할머니도 없는, 실향의 나라로, 엄마랑 나는 뛰뛰빵빵 뛰뛰빵빵, 오늘도 내일도, 하염없이 달려가네

—

심보선, 《슬픔이 없는 십오 초》, 문학과지성사, 2008

배를 매며

아무 소리도 없이 말도 없이
등 뒤로 털썩
밧줄이 날아와 나는
뛰어가 밧줄을 잡아다 배를 맨다
아주 천천히 그리고 조용히
배는 멀리서부터 닿는다

사랑은,
호젓한 부둣가에 우연히,
별 그럴 일도 없으면서 넋놓고 앉았다가
배가 들어와
던져지는 밧줄을 받는 것
그래서 어찌할 수 없이
배를 매게 되는 것

잔잔한 바닷물 위에
구름과 빛과 시간과 함께
떠 있는 배

배를 매면 구름과 빛과 시간이 함께
매어진다는 것도 처음 알았다
사랑이란 그런 것을 처음 아는 것

빛 가운데 배는 울렁이며
온종일을 떠 있다

—
장석남, 《왼쪽 가슴 아래께에 온 통증》, 창작과비평사, 2001

남사당

나는 얼굴에 분을 하고
삼단 같은 머리를 따 내리는 사나이

초립에 쾌자를 걸친 조라치들이
날라리를 부는 저녁이면
다홍치마를 두르고 나는 향단이가 된다

이리하여 장터 어느 넓은 마당을 빌려
램프 불을 돋운 포장 속에선
내 남성男聲이 십분 굴욕되다

산 넘어 지나온 저 동리엔
은반지를 사주고 싶은
고운 처녀도 있었건만

다음 날이면 떠남을 짓는
처녀야!
나는 집시의 피였다
내일은 또 어느 동리로 들어간다냐

우리들의 도구를 실은
노새의 뒤를 따라
산딸기의 이슬을 털며
길에 오르는 새벽은

구경꾼을 모으는 날라리 소리처럼
슬픔과 기쁨이 섞여 핀다

—
노천명, 《창변》, 매일신보출판부, 1945

뻐아픈 후회

슬프다

내가 사랑했던 자리마다

모두 폐허다

완전히 망가지면서
완전히 망가뜨려놓고 가는 것; 그 징표 없이는
진실로 사랑했다 말할 수 없는 건지
나에게 왔던 사람들,
어딘가 몇 군데는 부서진 채
모두 떠났다

내 가슴속엔 언제나 부우옇게 이동하는 사막 신전;
바람의 기둥이 세운 내실에까지 모래가 몰려와 있고
뿌리째 굴러가고 있는 갈퀴나무, 그리고
말라가는 죽은 짐승 귀에 모래 서걱거린다

어떤 연애로도 어떤 광기로도

이 무시무시한 곳에까지 함께 들어오지는
못했다, 내 꿈틀거리는 사막이,
끝내 자아를 버리지 못하는 그 고열의
신상神像이 벌겋게 달아올라 신음했으므로
내 사랑의 자리는 모두 폐허가 되어 있다

아무도 사랑해본 적이 없다는 거;
언제 다시 올지 모를 이 세상을 지나가면서
내 뼈아픈 후회는 바로 그거다
그 누구를 위해 그 누구를
한번도 사랑하지 않았다는 거

젊은 시절, 내가 자청自請한 고난도
그 누구를 위한 헌신은 아녔다
나를 위한 헌신, 한낱 도덕이 시킨 경쟁심;
그것도 파워랄까, 그것마저 없는 자들에겐
희생은 또 얼마나 화려한 것이었겠는가

그러므로 나는 아무도 사랑하지 않았다

그 누구도 걸어 들어온 적 없는 나의 폐허;
다만 죽은 짐승 귀에 모래의 말을 넣어주는 바람이
떠돌다 지나갈 뿐
나는 이제 아무도 기다리지 않는다
그 누구도 나를 믿지 않으며 기대하지 않는다

—
황지우, 《어느 날 나는 흐린 주점(酒店)에 앉아 있을 거다》, 문학과지성사, 1998

교목

푸른 하늘에 닿을 듯이
세월에 불타고 우뚝 남아 서서
차라리 봄도 꽃피진 말아라

낡은 거미집 휘두르고
끝없는 꿈길에 혼자 설레는
마음은 아예 뉘우침 아니라

검은 그림자 쓸쓸하면
마침내 호수 속 깊이 거꾸러져
차마 바람도 흔들진 못해라

—
이육사, 《육사 시집》, 서울출판사, 1946

#5

몸은 비록 내가 살던 경계를 벗어났지만,
내 몸의 세포는
삶의 터전으로부터 벗어나지 못하고 있음을 확인하는 시간.
그렇게 떠남과 떠나지 못함의 경계 속에서
우리의 여행과 삶이 시작되고,
그 경계가 끝없는 길이 되어
우리는 그 길 위에서 서성이고 있다.

몸은 떠나왔으나,
아직 떠나지 못한

여행을 떠나기 전에 몸을 만든다. 식스팩을 급조하려는 운동은 아니다. 한 달 정도 해외에 머물기 위해서는 '체력이 곧 무기'라는 것을 경험을 통해 알기 때문이다. 내 여행 스타일은 걷고, 걷고, 또 걷는 것이다. 그래서 여행을 떠나기 한 달 전부터는 평소엔 잘 하지 않던 운동도 하고, 집 주위를 걷기도 한다. 그러나 아무리 준비를 철저히 한다고 해도 언제나 미처 대비하지 못한 곳에서 진짜 여행이 시작된다.

여행을 떠나기 전에는 항상 진통제와 종합감기약 그리고 위장약을 챙겼다. 맥주를 즐기는 내게 유럽은 천국이다. 위장약은 여행과 맥주를 즐기기 위한 내 나름의 궁여지책이다. 외국에서 마시는 맥주는 내게 단순한 술이 아니라 평등의 상징으로 다가왔다. 부자도 서민도 모두 저렴한 가격으로 최고의 맥주를 즐긴다. 맥주는 누구나 공평하게 즐길 수 있는 마실거리였다. '오늘은 한 번쯤 사치를 즐겨보자'라는 바람난 기분으로

드레스덴 5성급 호텔 라운지에서 마셨던 밀맥주나 동베를린 지역의 에스닉ethnic 음식점이 즐비한 저잣거리에서 마셨던 밀맥주나 모두 감동적인 맛이었다.

여행하는 동안 물보다 맥주를 선호했다. 내 나름대로 '맥주 질량보존의 법칙'을 지켰다. 점심에 500cc, 저녁에 500cc가 기본 원칙이나 가끔 한 잔 더 하기도 했다. 매일 1000cc에 가까운 맥주를 마시다 보면 가끔 해장국이 생각난다. 콩나물 해장국, 북어 해장국, 우거지 해장국, 육개장 등등이 머릿속에 맴돈다. 그러나 그런 음식은 꿈속에서나 만나볼 뿐 외국 여행지에서 해장국을 먹는 게 쉬운 일은 아니다.

울렁거리고 쓰린 속을 달래려고 선택한 음식은 닭고기 수프였다. 유럽 어디를 가나 닭고기 수프는 흔했다. 감자를 썰어 넣은 닭고기 수프는 해장국 대용 음식이었다. 닭고기 수프가 곧 해장국이라고 자기최면을 걸면서 술을 마음껏 즐기며 다녔다.

작년 8월 중순에 방문한 오스트리아 빈의 날씨는 우울했다. 연일 비가 왔다. 다행히 굵은 빗방울이 떨어지지는 않았다. 방수가 되는 재킷을 입고 빈의 여기저기를 쏘다녔다. 우산보다 옷에 달린 모자를 뒤집어쓰고 다니는 게 훨씬 편해서였다. 이틀 동안 가랑비를 맞으며 돌아다니다 보니 몸이 이상신호를 보내기 시작했다. 좋아하는 맥주도 거르고 조금 일찍 호텔로 들어와 뜨거운 물에 샤워를 하고 잠을 청했지만, 몸은 좀처럼 회복되지 않았다.

하루쯤은 쉬어도 되었겠지만, 힘들게 떠나온 시간이 너무 아까워 다음 날 기어코 호텔 밖으로 나갔다. 몸은 아직 쉬라는 신호를 보내고 있었는데, 그 신호를 애써 무시했다. 슈테판 대성당 쪽으로 가기 위해 지하철을 탈 계획이었다. 지하도를 한참 걷고 있을 무렵 내 눈을 사로잡는 식당을 발견했다. 일본식 초밥과 한국식 분식을 함께 파는 조그만 식당이었다. 김치도 단무지도 없이 달랑 인스턴트 라면 하나를 주문했다. 한국 분식점 가격의 두 배였다. 수천 킬로미터를 날아온 감개무량한 한국식 라면이었다. 후루룩거리며 라면을 먹자 이마에 땀방울이 송골송골 맺혔다. 그 땀방울과 함께 내 몸의 이상 신호도 말끔히 사라졌다. 겨우 라면 한 그릇을 뚝딱 해치웠을 뿐인데, 그 라면에 내 고향도, 내 가족도, 내 어머니도, 내 동무도 다 들어앉아 있는 것 같은 착각이 들었다.

그 무엇으로도 대체될 수 없는 감각이나 분위기가 있다. 아무리 맛있는 닭고기 수프도 라면을 대체할 수 없었다. 그것은 라면이 닭고기 수프보다 더 맛있어서가 아니라 오랜 시간 동안 내 세포가 기억하고 있는 친숙한 맛을 향한 향수 때문이다. 고향 음식을 그리워하는 것은 고향 음식이 더 훌륭해서가 아니다. 살아온 세월과 흔적이 그 음식을 통해 퇴적되어 내 혈관을 흐르고 있기 때문이다.

여행에서나 삶에서나 그 무엇도 하찮고 사소하지 않다. 비록 라면 한 그릇이었지만 나는 그 라면을 먹으며 여행이 선물하는 뜨거운 삶의 의미를 깨달았다. 몸은 비록 내가 살던 경계를 벗어났지만, 내 몸의 세포는 삶의 터전으로부터 벗어나지 못하고 있음을 확인하는 시간. 그렇게 떠남과 떠나지 못함의 경계 속에서 우리의 여행과 삶이 시작되고, 그 경계가 끝없는 길이 되어 우리는 그 길 위에서 서성이고 있다.

사평역沙平驛에서

막차는 좀처럼 오지 않았다
대합실 밖에는 밤새 송이눈이 쌓이고
흰 보라 수수꽃 눈시린 유리창마다
톱밥난로가 지펴지고 있었다
그믐처럼 몇은 졸고
몇은 감기에 쿨럭이고
그리웠던 순간들을 생각하며 나는
한 줌의 톱밥을 불빛 속에 던져 주었다
내면 깊숙이 할 말들은 가득해도
청색의 손바닥을 불빛 속에 적셔두고
모두들 아무 말도 하지 않았다
산다는 것이 때론 술에 취한 듯
한 두름의 굴비 한 광주리의 사과를
만지작거리며 귀향하는 기분으로
침묵해야 한다는 것을
모두들 알고 있었다
오래 앓은 기침소리와
쓴 약 같은 입술담배 연기 속에서
싸륵싸륵 눈꽃은 쌓이고

그래 지금은 모두들

눈꽃의 화음에 귀를 적신다

자정 넘으면

낯설음도 뼈아픔도 다 설원인데

단풍잎 같은 몇 잎의 차창을 달고

밤열차는 또 어디로 흘러가는지

그리웠던 순간들을 호명하며 나는

한 줌의 눈물을 불빛 속에 던져 주었다.

—

곽재구, 《사평역에서》, 창작과비평사, 1983

오래된 수틀

누군가 나를 수놓다가 사라져버렸다

씨앗들은 싹을 틔우지 않았고
꽃들은 오랜 목마름에도 시들지 않았다
파도는 일렁이나 넘쳐흐르지 않았고
구름은 더 가벼워지지도 무거워지지도 않았다

오래된 수틀 속에서
비단의 둘레를 댄 무명천이 압정에 박혀
팽팽한 그 시간 속에서

녹슨 바늘을 집어라 실을 꿰어라
서른세 개의 압정에 박혀 나는 아직 팽팽하다

나를 처음으로 뚫고 지나갔던 바늘 끝,
이 씨앗과 꽃잎과 물결과 구름은
그 통증을 지금도 기억하고 있다 기다리고 있다

헝겊의 이편과 저편, 건너가면

다시 돌아올 수 없는 언어들로 나를 완성해다오

오래 전 나를 수놓다가 사라진 이여

—

나희덕, 《어두워진다는 것》, 창작과비평사, 2001

모닥불

새끼오리* 도 헌신짝도 소똥도 갓신창* 도 개니빠디* 도 너울쪽* 도 짚검불* 도 가랑잎도 머리카락도 헌겊조각도 막대꼬치도 기왓장도 닭의 깃도 개터럭도 타는 모닥불

재당* 도 초시도 문장門長* 늙은이도 더부살이 아이도 새사위도 갓사둔* 도 나그네도 주인도 할아버지도 손자도 붓장사도 땜장이도 큰개도 강아지도 모두 모닥불을 쪼인다

모닥불은 어려서 우리 할아버지가 어미아비 없는 서러운 아이로 불상하니도 몽둥발이* 가 된 슬픈 역사가 있다

—

백석, 《사슴》, 선광인쇄주식회사, 1936

* 새끼오리: 새끼줄.

* 갓신창: 가죽신의 밑창.

* 개니빠디: 개의 이빨.

* 너울쪽: 널빤지.

* 짚검불: 지푸라기.

* 재당: 향촌 최고 어른에 대한 존칭.

* 문장: 한 문중에서 항렬과 나이가 제일 위인 사람.

* 갓사둔: 새 사돈.

* 몽둥발이: 딸려 붙었던 것이 다 떨어지고 몸뚱이만 남은 물건.

달무리

달무리 뜨는
달무리 뜨는
외줄기 길을
홀로 가노라
나 홀로 가노라
　옛날에도 이런 밤엔
　홀로 갔노라

맘에 솟는 빈 달무리
둥둥 띄우며
나 홀로 가노라
울며 가노라
　옛날에도 이런 밤엔
　울며 갔노라

—
박목월, 《청록집》, 을유문화사, 1946

낡은 집

날로* 밤으로
왕거미 줄 치기에 분주한 집
마을서 흉집이라고 꺼리는 낡은 집
이 집에 살았다는 백성들은
대대손손에 물려줄
은동곳*도 산호관자*도 갖지 못했니라

재를 넘어 무곡*을 다니던 당나귀
항구로 가는 콩실이에 늙은 둥글소*
모두 없어진 지 오랜
외양간엔 아직 초라한 내음새 그윽하다만
털보네 간 곳은 아무도 모른다

찻길이 뇌이기 전

* 날로: 낮으로.
* 은동곳: 은으로 만든 동곳, 동곳은 상투를 튼 뒤에 풀어지지 않도록 꽂는 물건.
* 관자: 망건에 달아, 망건 당줄을 꿰는 작은 고리.
* 무곡: 겉곡식을 사다가 방아를 찧은 다음 그것을 다시 파는 장사일.
* 둥글소: 황소.

노루 멧돼지 쪽제비 이런 것들이
앞뒤 산을 마음놓고 뛰어다니던 시절
털보의 셋째아들은
나의 싸리말* 동무는
이 집 안방 짓두광주리* 옆에서
첫울음을 울었다고 한다

"털보네는 또 아들을 봤다우
송아지래두 불었으면 팔아나 먹지"
마을 아낙네들은 무심코
차그운 이야기를 가을 냇물에 실어 보냈다는
그날 밤
저릎등*이 시름시름 타들어가고
소주에 취한 털보의 눈도 일층 붉더란다

* 싸리말: 싸리로 결어 만든 말(馬)로, 민속에서 역신을 보내는 의식에 씀.
* 짓두광주리: 반짇고리.
* 저릎등: 겨릅 등. 겨릅대(긴 삼대)를 태워 불을 밝히는 장치.

갓주지* 이야기와
무서운 전설 가운데서 가난 속에서
나의 동무는 늘 마음 졸이며 자랐다
당나귀 몰고 간 애비 돌아오지 않는 밤
노랑고양이 울어 울어
종시 잠 이루지 못하는 밤이면
어미 분주히 일하는 방앗간 한구석에서
나의 동무는 도토리의 꿈을 키웠다

그가 아홉 살 되던 해
사냥개 꿩을 쫓아다니는 겨울
이 집에 살던 일곱 식솔이
어데론지 사라지고 이튿날 아침
북쪽을 향한 발자옥만 눈 위에 떨고 있었다

더러는 오랑캐령 쪽으로 갔으리라고

* 갓주지: 갓을 쓴, 절의 주지 스님. 옛날에는 아이들을 달래거나 울음을 그치게 할 때 갓주지에 관한 이야기를 하였다고 함.

더러는 아라사[*]로 갔으리라고
이웃 늙은이들은
모두 무서운 곳을 짚었다

지금은 아무도 살지 않는 집
마을서 흉집이라고 꺼리는 낡은 집
제철마다 먹음직한 열매
탐스럽게 열던 살구
살구나무도 글거리[*]만 남았길래
꽃피는 철이 와도 가도 뒤울안에
꿀벌 하나 날아들지 않는다

—
이용악, 《낡은 집》, 삼문사, 1938

[*] 아라사: 러시아의 한자식 표기.
[*] 글거리: 그루터기.

서랍들

그 동안 나는 얼마나 많은 서랍을 가졌었나?
나는 수없이 많은 책상들을 전전하며
오늘에 이르렀다
서랍들 속에서 발견되는 옛애인들이 웃음짓는 빛바랜 사진들……
오, 그 서랍들 속에 감추었던 꿈은 몇 개인가

제 날짜에 참석했던 민방위 교육 훈련 불참을 단호하게 경고하는
재소집 통지서가 날아들고
내 생애 단 한 번도 가보지 못했던 안동에서
주차 위반 벌칙금 납부 독촉장이 날아든다
(혹시 독도에서 속도 위반 벌칙금이 날아온다면 어떻게 할까)
착오와 착오의 날들 사이로
빗발이 뿌리고……
가랑잎이 내리고……
진눈깨비가 치고……

세월은 덧없는 연애처럼 흐른다

내 위생적인 첫사랑의 기억은 아득히 멀어져가고
흠집 많은 책상 서랍을 열면
시간의 풍화 작용을 견디지 못하고 마모되는 기억들이 가득
하다
　영수증들
　편지들
　못쓰게 된 볼펜 몇 자루
　누군가의 명함들
　관광지에서 찍은 사진들
그 속에 뒤엉킨 무수한 세월이 함께 딸려나온다

어떤 삶도 전멸하는 법은 없다
서랍 속에 남은 몇 조각 꿈의 흔적들이
그것을 말해준다

—
장석주, 《크고 헐렁헐렁한 바지》, 문학과지성사, 1996

거울

거울속에는소리가없소

저렇게까지조용한세상은참없을것이오

◇

거울속에도 내게 귀가있소

내말을못알아듣는딱한귀가두개나있소

◇

거울속의나는왼손잡이오

내악수를받을줄모르는－악수를모르는왼손잡이오

◇

거울때문에거울속의나를만져보지를못하는구료만은

거울이아니었던들내가어찌거울속의나를만나보기만이라도
했겠소

◇

나는지금거울을안가졌소만은거울속에는늘거울속의내가
있소

잘은모르지만외로된사업에골몰할게요

◇

거울속의나는참나와는반대요만은

또꽤닮았소

나는거울속의나를근심하고진찰할수없으니퍽섭섭하오

—

이상, 《가톨릭청년》, 1933. 10

나룻배와 행인

나는 나룻배
당신은 행인

당신은 흙발로 나를 짓밟습니다
나는 당신을 안고 물을 건너갑니다
나는 당신을 안으면 깊으나 옅으나 급한 여울이나 건너갑니다

만일 당신이 아니 오시면 나는 바람을 쐬고 눈비를 맞으며 밤에서 낮까지 당신을 기다리고 있습니다
당신은 물만 건너면 나를 돌아보지도 않고 가십니다그려

그러나 당신이 언제든지 오실 줄만은 알어요
나는 당신을 기다리면서 날마다 날마다 낡아갑니다

나는 나룻배
당신은 행인

—
한용운, 《님의 침묵》, 회동서관, 1926

장미의 노래

내 여기 한 이름 없는
작은 마을에 태어나

바람과 토양과 부모와
따사한 햇볕에 안겨 자랐으나

어머니의 젖
달큰한 젖의 품을 벗어나
외따로 걷는 마을길에 서서
처음 우러러 하늘을 볼 때부터

이내 자고 새면 그리워 온
머언 그
또 하나 나의 하늘.

바람 부는 벌판
두견 우는 골짝

내 청춘은

한 사람 살뜰한 연인도 없이
걸어 와

눈물은 항시
서럽고 맑은 시의 이슬로
결정結晶 짓고

한숨은 묶어
떠나가는 구름과 바람에 실어
보내며

다만 깊이
내 안에 가꿔 온 것
붉은 장미는 –

언제 새로 바라는 하늘이 열려
찬란히 트이는
아침에사 피리라.

다섯 물과 여섯 바다에
일제히 인류가 합창을 부르는 날

그때사마저 내 또 머언 곳에
외로이 설지라도

나의 시 아끼는 나의 눈물은
스스로의 장미 위에
영롱히 다시 이슬지어 빛나리라.

—
박두진, 《청록집》, 을유문화사, 1946

설야雪夜

어느 머언 곳의 그리운 소식이기에
이 한밤 소리 없이 흩날리느뇨

처마 끝에 호롱불 여위어 가며
서글픈 옛 자췬 양 흰 눈이 내려

하이얀 입김 절로 가슴이 메어
마음 허공에 등불을 켜고
내 홀로 밤 깊어 뜰에 내리면

머언 곳에 여인의 옷 벗는 소리

희미한 눈발
이는 어느 잃어진 추억의 조각이기에
싸늘한 추회追悔 이리 가쁘게 설레이느뇨

한 줄기 빛도 향기도 없이
호올로 차단한 의상衣裳을 하고
흰눈은 내려 내려서 쌓여

내 슬픔 그 위에 고이 서리다

—

김광균, 《와사등》, 남만서방, 1939

자화상

애비는 종이었다. 밤이 깊어도 오지 않었다.
파뿌리같이 늙은 할머니와 대추꽃이 한 주 서있을 뿐이었다.
어매는 달을 두고 풋살구가 꼭 하나만 먹고 싶다 하였으나……
흙으로 바람벽한 호롱불 밑에
손톱이 까만 에미의 아들.
갑오년이라든가 바다에 나가서는 돌아오지 않는다하는 외할아버지의 숱 많은 머리털과
그 크다란 눈이 나는 닮었다한다.

스물세햇동안 나를 키운 건 팔할八割이 바람이다.
세상은 가도가도 부끄럽기만 하드라
어떤 이는 내 눈에서 죄인을 읽고 가고
어떤 이는 내 눈에서 천치를 읽고 가나
나는 아무것도 뉘우치지 않을란다.

찬란히 틔어오는 어느 아침에도
이마 위에 얹힌 시詩의 이슬에는
몇 방울의 피가 언제나 섞여 있어

별이거나 그늘이거나 혓바닥 늘어뜨린

병든 수캐마냥 헐떡거리며 나는 왔다.

—

서정주, 《화사집》, 남만서고, 1941

#6

동그랗게 뚫려 있는 천장 아래로 떨어지는 빛과
빗물을 머금고 있는 동상은
그 어떤 언어로도 표현할 수 없는
전쟁과 폭력의 상처를 세상에 알리고 있는 듯했다.

치유될 수 없는 상처를 되묻는 시간

나는 제사보다 젯밥에 더 관심이 많다. 책을 읽을 때도 그렇다. 그 책이 주장하는 핵심적인 내용보다 곁가지로 설명하고 있는 말들에 감각의 촉수를 뻗는다. 중국의 위대한 문인이자 사상가였던 루쉰魯迅의 작품을 읽을 때도 그랬다. 헌책방에서 이빨이 빠지지 않은 온전한 《노신문집魯迅文集》을 아주 착한 가격에 산 날, 이 세상에 하나뿐인 보물이라도 찾은 것처럼 환호했다. 루쉰의 글은 붓이나 펜이 아니라 피로 쓴 것 같았다. 그는 〈꽃 없는 장미〉에서 '먹으로 쓴 거짓이 피로 쓴 사실을 가릴 수는 없다'라고 썼는데, 나는 이 문장을 한참 동안 멍하니 바라보았다. 루쉰은 물론 먹으로 글을 썼겠지만, 그가 쓴 글은 흑장미의 검붉은 꽃잎 빛깔에 가까웠다. 그런 루쉰의 글을 읽다 우연히 또 다른 예술가를 알게 되었다. 그의 이름은 케테 콜비츠Käthe Kollwitz였다.

나는 콜비츠가 루쉰의 마음을 훔쳤다고 믿었다. 그녀의 판

화는 마치 사회적 시각의 목판화 작업에 열중하였던 오윤의 판화와 뭉크의 〈절규〉가 절묘하게 뒤섞인 것처럼 보였다. 나는 콜비츠에 매료되었다. 언젠가 그의 작품을, 그가 살았던 곳을 찾아가고 싶었다. 여행은 무작정 떠나는 것이기도 하지만, 내게는 사랑하는 작가의 흔적을 찾아 떠나는 일이기도 했으므로.

한동안 콜비츠를 잊고 살았다. 그러다 몇 년 전 나는 다시 콜비츠를 만났다. 베를린 훔볼트대학 바로 옆 건물인 노이에 바헤Neue Wache에서였다. 신고전주의 양식의 육중한 석조 건물 안에는 오로지 콜비츠의 〈피에타〉만 덩그러니 전시되어 있었다. 그동안 유럽 여러 나라를 여행하면서 미켈란젤로의 피에타를 비롯하여 각각의 방식과 소재로 구현된 피에타를 만나왔다. 그 모든 피에타는 저마다의 슬픔과 고통을 처절하게 품고 있었다. 하지만 나는 유독 콜비츠의 피에타에 마음을 빼앗겼다. 단순히 거기에 서린 고통과 슬픔의 표현 양식이 다른 작품보다 월등히 뛰어나서 그런 것은 아니었다.

노이에 바헤의 전시실은 피에타를 위해 모든 것을 배려하고 양보하고 있었다. 그동안 내가 보아온 그 어떤 피에타도 그렇게 전시되어 있지는 않았다. 콜비츠의 피에타는 마치 어머니의 자궁과 태초의 어둠을 연상시키는 텅 빈 공간에서 홀로 세상의 모든 죽음과 슬픔과 고통을 한 몸에 안고서 인간의 폭력과 잔인함을 속죄하고 있는 것 같았다. 나는 한동안 자리를 뜰 수가 없었다. 아무리 여러 각도로 사진을 찍어도 그 아련한 느낌을 담을 수 없었다. 특히 동그랗게 뚫려 있는 천장 아래로 떨어지는 빛과 빗물을 머금고 있는 동상은 그 어떤 언어로도 표현할 수 없는 전쟁과 폭력의 상처를 세상에 알리고 있는 듯했다. 콜비츠의 피에타는 어떤 먹으로도 쓸 수 없는, 우리의 하찮은 말로는 표현할 수 없는 폭력과 고통의 진실을 세상의 모든 낯선 이방인들에게 증언하고 있었다.

며칠 동안 아침저녁으로 콜비츠의 피에타를 보며 베를린의 거리를 거닐었다. 공간과 장소 그리고 하나의 예술 작품이 어우러져 빚어낸 비장하고 숭고한 아우라를 온몸으로 받아들였다. 콜비츠는, 피에타를 그곳에 전시한 그 누군가는 피에타를 보며 전쟁의 상처와 고통을 나누고 느끼고 아파하기를 바랐을 것이다. 그리하여 우리 안에 내재한 또 다른 내가 무심코 잔악한 폭력의 주체가 될 수 있다는 것을 깨닫기 바랐을 것이다.

콜비츠의 피에타야말로 세상의 모든 상처받은 영혼들을 위한 레퀴엠이라는 생각이 들었다. 그런데 콜비츠의 레퀴엠은 내게 안식을 누리게 하지 않았다. 세상은 이상의 〈거울〉처럼 '내 악수를 받을 줄 모르는' 거울 속에 존재하는 것이기에. 그래서 우리는 세상과 불화하며 저마다의 상처는 계속 곪아만 간다. 상처와 고통의 흔적은 죽 한 숟갈 떠먹은 자리처럼 감쪽같이 사라지지 않는다.

나는 고통을 대면하고 그 상처에 분노할 때 오히려 마음이 치유되는 느낌이 든다. 세상에 무심한 평온이나 어설픈 절망보다는 만성적인 불안이나 하찮은 바람에도 온몸을 부르르 떠는 분노가 더 건강하다고 나는 믿는다. 여행은 내게 세상의 모든 상처는 결코 치유될 수 없다는 사실을 일깨워주었다. 그리고 치유될 수 없다는 사실을 담담히 받아들이는 태도야말로 우리가 성숙해가고 있다는 증거임을 알려주었다.

바다와 나비

아모도 그에게 수심水深을 일러 준 일이 없기에
흰 나비는 도모지 바다가 무섭지 않다.

청무우밭인가 해서 나려 갔다가는
어린 날개가 물결에 저러서
공주처럼 지쳐서 돌아온다.

삼월달 바다가 꽃이 피지 않아서 서거픈
나비 허리에 새파란 초생달이 시리다.

—
김기림, 《바다와 나비》, 신문화연구소출판부, 1946

일찍이 나는

일찍이 나는 아무 것도 아니었다.
마른 빵에 핀 곰팡이
벽에다 누고 또 눈 지린 오줌 자국
아직도 구더기에 뒤덮인 천년 전에 죽은 시체.

아무 부모도 나를 키워 주지 않았다
쥐구멍에서 잠들고 벼룩의 간을 내먹고
아무 데서나 하염없이 죽어가면서
일찍이 나는 아무 것도 아니었다

떨어지는 유성처럼 우리가
잠시 스쳐갈 때 그러므로,
나를 안다고 말하지 말라.
나는너를모른다 나는너를모른다.
너당신그대, 행복
너, 당신, 그대, 사랑

내가 살아 있다는 것,
그것은 영원한 루머에 지나지 않는다.

—

최승자, 《이 시대의 사랑》, 문학과지성사, 1981

함께 가자 우리

함께 가자 우리 이 길을
셋이라면 더욱 좋고 둘이라도 함께 가자
뒤에 남아 먼저 가란 말일랑 하지 말자
앞서 가며 나중에 오란 말일랑 하지 말자
일이면 일로 손잡고 가자
천이라면 천으로 운명을 같이 하자
둘이라면 떨어져서 가지 말자
가로질러 들판 물이라면 건너주고
물 건너 첩첩 산이라면 넘어주자
고개 넘어 마을 목마르면 쉬어가자
사산 낙일 해 떨어진다 어서 가자 이 길을
해 떨어져 어두운 길
네가 넘어지면 내가 가서 일으켜주고
내가 넘어지면 네가 와서 일으켜주고
산을 넘고 물을 건너
언젠가는 가야 할 길
누군가는 이르러야 할 길
가시밭길 하얀 길
에헤라, 가다 못 가면 쉬었다나 가지

아픈 다리 서로 기대며

—

김남주, 《나의 칼 나의 피》, 인동, 1987

식당食堂에 딸린 방房 한 칸

밤늦게 귀가할 때마다 나는 세상의 끝에 대해
끝까지 간 의지와 끝까지 간 삶과 그 삶의
사람들에 대해 생각하게 된다 귀가할 때마다
하루 열여섯 시간의 노동을 하는 어머니의 육체와
동시 상영관 두 군데를 죽치고 돌아온 내 피로의
끝을 보게 된다 돈 한푼 없어 대 낮에 귀가할 때면
큰 길이 뚫려 있어도 사방이 막다른 골목이다

옐로우 하우스 33호 붉은 벽돌 건물이 바로 집 앞인데
거기보다도 우리집이 더 끝이라는 생각이 든다
거기로 들어가는 사내들보다 우리집으로 들어가는 사내들이
더 허기져 보이고 거기에 진열된 여자들보다 우리집의
여자들이 더 지친 표정을 짓고 있기 때문만은 아니다
어머니 대신 내가 영계백숙 음식 배달을 나갔을 때
나 보고는 나보다도 수줍음 타는 아가씨는 명순씨氏
홍등紅燈 유리방房 속에 한복 입고 앉은 모습은 마네킹 같고
불란서 인형 같아서 내 색시 해도 괜찮겠다 싶더니만
반바지 입고 소풍 갈 때 보니까 이건 순 어린애에다
쌍꺼풀 수술 자국이 터진 만두 같은 명순씨氏가 지저귀며

유곽 골목을 나서는 발걸음을 보면 밖에 나가서 연애할 때
우린 식당食堂에 딸린 방房 한 칸에 사는 가난뱅이라고
경쾌하게 말 못 하는 내가 더 끝이라는 생각이 든다

내가 제일 무서워하는 사람들은 강원연탄 노조원들이다
내가 말을 걸어본 지 몇 년째 되는 우리 아버지에게
아버님이라 부르고 용돈 탈 때만 말을 거는 어머니에게
어머님이라 부르는 놈들은 나보다도 우리 가정에 대해
가계에 대해 소상히 알고 있다 하루는 놈들이, 일부러
날 보고는 뒤돌아서서 내게 들리는 목소리로, 일부러
대학씩이나 나온 녀석이 놀구 먹구 있다고, 기생충
버러지 같은 놈이라고 상처를 준 적이 있는, 잔인한 놈들
지네들 공장에서 날아오는 연탄 가루 때문에 우리집 빨래가
햇빛 한번 못 쬐고 방구석 선풍기 바람에 말려진다는 걸
모르고, 놀구 먹기 때문에 내 살이 바짝바짝 마른다는 걸
모르고 하는 소리라고 내심 투덜거렸지만 할 말은
어떤 식으로든 다 하고 싸울 일은 투쟁해서 쟁취하는
그들에 비하면 그저 세상에 주눅들어 굽은 어깨
세상에 대한 욕을 독백으로 처리하는 내가 더 끝

절정은 아니고 없는 적敵을 만들어 창槍을 들고 달겨들어야만
긴장이 유지되는 내가 더 고단한 삶의 끝에 있다는 생각

집으로 들어가는 길목은 쓰레기 하치장이어서 여자를
만나고 귀가하는 날이면 그 길이 여동생들의 연애를
얼마나 짜증나게 했는지, 집을 바래다주겠다는 연인의
호의를 어떻게 거절했는지, 그래서 그 친구와 어떻게
멀어지게 되었는지 생각하게 된다 눈물을 꾹 참으며
아버지와 오빠의 등 뒤에서 스타킹을 걷어올려야 하고
이불 속에서 뒤척이며 속옷을 갈아입어야 하는 여동생들을
생각하게 된다 보름 전쯤 식구들 가슴 위로 쥐가 돌아다녔고
모두 깨어 밤새도록 장롱을 들어내고 벽지를 찢어발기며
쥐를 잡을 때 밖에 나가서 울고 들어온 막내의 울분에 대해
울음으로써 세상을 견뎌내고야 마는 여자들의 인내에 대해
단칸방에 살면서 근친상간 한번 없는 안동김가安東金哥의 저력에 대해
아침녘 밥손님들이 들이닥치기 전에 제작기 직장으로
공원公園으로 술집으로 뿔뿔이 흩어지는 탈출의 나날에 대해

생각하게 된다 귀가할 때 혹 지인知人이라도 방문해 있으면
난 막다른 골목 담을 넘어 넘고넘어 멀리까지 귀양 떠난다

큰 도로로 나가면 철로가 있고 내가 사랑하는 기차가
있다 가끔씩 그 철로의 끝에서 다른 끝까지 처연하게
걸어다니는데 철로의 양끝은 흙 속에서 묻혀 있다 길의
무덤을 나는 사랑한다 항구에서 창고까지만 이어진
짧은 길의 운명을 나는 사랑하며 화물 트럭과 맞부딪치면
여자처럼 드러눕는 기관차를 나는 사랑하는 것이며
뛰는 사람보다 더디게 걷는 기차를 나는 사랑한다
나를 닮아 있거나 내가 닮아 있는 힘 약한 사물을 나는
사랑한다 철로의 무덤 너머엔 사랑하는 서해西海가 있고
더 멀리 가면 중국中國이 있고 더더 멀리 가면 인도印度와
유럽과 태평양과 속초가 있어 더더더 멀리 가면
우리집으로 돌아오게 된다 세상의 끝에 있는 집
내가 무수히 떠났으되 결국은 돌아오게 된, 눈물겨운.

—
김중식, 《황금빛 모서리》, 문학과지성사, 1993

석류

언제부터
이 잉걸불 같은 그리움이
텅 빈 가슴속에 이글거리기 시작했을까

지난 여름 내내 앓던 몸살
더 이상 견딜 수 없구나
영혼의 가마솥에 들끓던 사랑의 힘
캄캄한 골방 안에
가둘 수 없구나

나 혼자 부둥켜 안고
뒹굴고 또 뒹굴어도
자꾸만 익어가는 어둠을
이젠 알알이 쏟아놓아야 하리

무한히 새파란 심연의 하늘이 두려워
나는 땅을 향해 고개 숙인다
온몸을 휩싸고 도는
어지러운 충만 이기지 못해

나 스스로 껍질을 부순다

아아, 사랑하는 이여
지구가 쪼개지는 소리보다
더 아프게
내가 깨뜨리는 이 홍보석의 슬픔을
그대의 뜰에
받아주소서

—
이가림, 《순간의 거울》, 창작과비평사, 1995

엄마 걱정

열무 삼십 단을 이고
시장에 간 우리 엄마
안 오시네, 해는 시든 지 오래
나는 찬밥처럼 방에 담겨
아무리 천천히 숙제를 해도
엄마 안 오시네, 배추 잎 같은 발소리 타박타박
안 들리네, 어둡고 무서워
금 간 창 틈으로 고요히 빗소리
빈방에 혼자 엎드려 훌쩍거리던

아주 먼 옛날
지금도 내 눈시울을 뜨겁게 하는
그 시절, 내 유년의 윗목

—
기형도, 《입 속의 검은 잎》, 문학과지성사, 1989

또 비가 오면

사랑하는 어머니 비에 젖으신다
사랑하는 어머니 물에 잠기신다
살 속으로 물이 들어가 몸이 불어나도
사랑하는 어머니 미동微動도 않으신다
빗물이 눈 속 깊은 곳을 적시고
귓속으로 들어가 무수한 물방울을 만들어도
사랑하는 어머니 미동도 않으신다
발밑 잡초가 키를 덮고 아카시아 뿌리가
입 속에 뻗어도 어머니, 뜨거운
어머니 입김 내게로 불어온다

창을 닫고 귀를 막아도 들리는 빗소리,
사랑하는 어머니 비에 젖으신다
사랑하는 어머니 물에 잠기신다

—
이성복, 《남해 금산》, 문학과지성사, 1986

목마와 숙녀

한 잔의 술을 마시고
우리는 버지니아 울프의 생애와
목마를 타고 떠난 숙녀의 옷자락을 이야기한다
목마는 주인을 버리고 거저 방울 소리만 울리며
가을 속으로 떠났다 술병에서 별이 떨어진다
상심한 별은 내 가슴에 가벼웁게 부서진다
그러한 잠시 내가 알던 소녀는
정원의 초목 옆에서 자라고
문학이 죽고 인생이 죽고
사랑의 진리마저 애증의 그림자를 버릴 때
목마를 탄 사랑의 사람은 보이지 않는다
세월은 가고 오는 것
한때는 고립을 피하여 시들어가고
이제 우리는 작별하여야 한다
술병이 바람에 쓰러지는 소리를 들으며
늙은 여류작가의 눈을 바라보아야 한다
……등대에……
불이 보이지 않아도
거저 간직한 페시미즘의 미래를 위하여

우리는 처량한 목마 소리를 기억하여야 한다
모든 것이 떠나든 죽든
거저 가슴에 남은 희미한 의식을 붙잡고
우리는 버지니아 울프의 서러운 이야기를 들어야 한다
두 개의 바위 틈을 지나 청춘을 찾은 뱀과 같이
눈을 뜨고 한 잔의 술을 마셔야 한다
인생은 외롭지도 않고
거저 잡지의 표지처럼 통속하거늘
한탄할 그 무엇이 무서워서 우리는 떠나는 것일까
목마는 하늘에 있고
방울소리는 귓전에 철렁거리는데
가을바람 소리는
내 쓰러진 술병 속에서 목메어 우는데

—
박인환, 《선시집》, 산호장, 1955

나의 싸움

삶이란 자신을 망치는 것과 싸우는 일이다

망가지지 않기 위해 일을 한다
지상에서 남은 나날을 사랑하기 위해
외로움이 지나쳐
괴로움이 되는 모든 것
마음을 폐가로 만드는 모든 것과 싸운다

슬픔이 지나쳐 독약이 되는 모든 것
가슴을 까맣게 태우는 모든 것
실패와 실패 끝의 치욕과
습자지만큼 나약한 마음과
저승냄새 가득한 우울과 쓸쓸함
줄 위를 걷는 듯한 불안과

지겨운 고통은 어서 꺼지라구!

—
신현림, 《세기말 블루스》, 창작과비평사, 1996

다시

희망찬 사람은
그 자신이 희망이다

길 찾는 사람은
그 자신이 새 길이다

참 좋은 사람은
그 자신이 이미 좋은 세상이다

사람 속에 들어 있다
사람에서 시작된다

다시
사람만이 희망이다

—
박노해, 《사람만이 희망이다》, 해냄, 1997

#
모든 여행에는 목적지가 있기 마련이고,
우리 삶도 목적지를 향해 달려간다.
그런데 환승 공항은 '여행의 목적지는 아직 결정되지 않았을 수도 있다.
삶의 목적지는 아직 결정되지 않았다. 아직 늦지 않았다.
또 다른 길이 있다.
그러니 다른 꿈을 꿔도 괜찮다'라고 속삭이는 것 같다.

Fastest train to
Subsequent departures
Subsequent departures
Arrivals from
Page 1 of 2
Page 2 of 2
Page 1 of 2
16 16
Wide gate
17 17

공항,
여행의 끝과 시작을 알리는
설렘의 메신저

여행을 떠날 때마다 가끔 엉뚱한 상상에 빠진다. '공항에는 천사가 살고 있는 것일까' 하고 말이다. 항공기 운항 정보 전광판의 글자들이 깜박거리며 넘어가는 것을 보면서, 저 노선표가 혹시 천사는 아닐까 하는 엉뚱한 생각에 잠긴다. 천사들은 내가 알지 못하는 삶으로 나를 인도해줄 것 같았다.

출발지와 도착지, 시간과 편명으로 빼곡한 전광판을 보면서 마치 천사들이 합창을 한다고 생각한 적도 있다. 그 합창은, 네가 얼마나 자그마한 세상에 웅크리고 있는지, 이제 너를 가두고 있는 울타리를 훌쩍 뛰어넘어 보라는 유혹의 속삭임 같았다.

특히 환승 공항에서 비행기를 기다리는 시간에는 유독 그런 느낌이 더 들었다. 모든 여행에는 목적지가 있기 마련이고, 우리 삶도 목적지를 향해 달려간다. 그런데 환승 공항은 '여행의 목적지는 아직 결정되지 않았을 수도 있다, 삶의 목적지는 아직 결정되지 않았다, 아직 늦지 않았다, 또 다른 길이 있다, 그러니 다른 꿈을 꿔도 괜찮다'라고 속삭이는 것 같다.

여러 번 유럽으로 떠나면서 나는 매번 환승 공항을 거쳤다. 단순히 경제적인 이유에서만 그런 것은 아니다. 어떤 때는 마땅한 항공권을 구하지 못해 에미레이트항공을 이용해 두바이를 거쳐 런던으로 들어간 적도 있다. 직항보다 경유를 선택하는 이유는 기항지에 대한 알 수 없는 끌림 때문이다. 한 곳이라도 발자국을 더 찍고 싶다는 욕망이 부추겼을 수도 있다. 스키폴, 프랑크푸르트, 뮌헨 공항은 내가 가장 많이 스쳐간 환승 공항이다. 그곳에서 맥주를 마시고, 고흐의 화집을 보며 '왜 나는 이번에도 떠나왔을까'를 되물었다.

떠날 때의 환승 공항과 되돌아올 때의 환승 공항은 사뭇 다른 분위기를 머금고 있다. 떠날 때 잠시 머물렀던 뮌헨 공항으로 다시 되돌아온 나는 에어브로이Airbräu에서 만든 맥주를 비행기 탑승에 무리를 주지 않을 만큼 연이어 마셨다. 쌉싸름한 맛이 어제보다 더 강하게 풍겨왔다. 그리고 묵직한 디지털카메라를 꺼냈다. 현실로 돌아가기 전의 마지막 풍경을 찍고 싶어서가 아니었다. 그동안 여행의 흔적을 뒤돌아보기 위해서였다.

10여 년 동안 세 개의 디지털카메라를 샀고, 그것들은 내 여행의 든든한 동반자였다. 처음에는 똑딱이 디지털카메라를, 그다음에는 보급용 DSLR카메라를, 그리고 몇 년 전부터는 중급용 DSLR카메라를 들고 유럽의 곳곳을 걸어 다녔다.

디지털카메라는 내 눈으로 쓴 여행기이자, 내가 보고 싶은 것만을 찍은 은밀한 여행 일기장이다. 피렌체의 산타 마리아 델 피오레 대성당을 삐뚤빼뚤 그리고 있는 소년의 모습, 실오라기 하나 걸치지 않은 채 아드리아해에 몸을 던지는 할아버지, 황혼이 질 무렵 빈의 슈테판 대성당 광장에서 오늘이 이생의 마지막인 것처럼 열정적인 키스를 나누던 연인, 파리의 센강을 바라보며 샌드위치로 늦은 점심을 해결하는 가족, 프라하 카를교에서 몇 년째 도자기 피리를 팔고 있는 여인(2011년에 앳된 그녀에게서 피리를 샀다. 그리고 2013년 여름에 만난 그녀는 만삭이었다). 그 모든 시간과 풍경을 디지털카메라에 기록했다.

여행의 고수라면 낯선 세계의 풍경을 마음으로 담아야 하지만 나는 그렇지 못하여 언제나 기계의 힘을 빌렸다. 그 기계 속에 담겨 있는 풍경을 통해 나는 내가 어떤 사람인지 조금씩 깨달아갔다. 사진은 있는 그대로의 풍경을 찍는 게 아니라 보고 싶고, 기억하고 싶은 순간을 나만의 액자 속에 넣는 과정일 것이다. 여행 중에 찍은 사진들 중에는 유독 어린아이들의 천진난만한 모습이 많았다. 인종도 국적도 다양한 어린아이들의 모습이 내 카메라 속에 담겨 있었다. 자신이 온 우주의 중심인 것처럼, 자신을 위해 온 우주가 존재하는 것이라는 표정으로 아이들은 바로 지금의 순간을 즐기고 있었다.

여행은 내게 살아가는, 앞으로 살아가야 할 힘이나 용기를 충전하는 시간이기도 했지만, 그보다는 오늘 하루를 살아냈던 나에게 보내는 선물이 아니었을까. 나는 나의 미래를 좀처럼 상상하지 않는다. 살아가는 이유보다는 살아 있는 이유를 되묻는 편이기 때문이다. 여행은 내게 살아 있는 이유를 묻는 시간이었다. 무수한 타자들 속에서 홀로 고독한 인간이 되어 내가 누구인지를 되묻는 시간이 아니라 그들과 부딪치면서 내가 누구인지를 깨닫는 소중한 경험이었다. 그리고 그 여행은 오늘 하루를 온전히 살아내는 버팀목이 되었다.

나를 살아 있게 하는 버팀목, 그 여행 기록은 내 작은 책상의 서랍 속에 온전히 담겨 있다. 내 서랍 속에는 약 100여 개의 연필과 볼펜이 방긋거리며 나를 반긴다. 세계 각국 호텔의 연필과 볼펜이 저마다의 자취를 뽐내며 와글거린다. 여행을 할 때마다 머문 숙소의 볼펜이나 연필을 수집하는 버릇이 있다. 물론 문구류에 환장하는 성격 탓이기도 하지만, 볼펜이나 연필은 내 방황의 발걸음과 흔적을 증명하는 기념품으로 안성맞춤이었다. 그 수집품들을 만지작거릴 때마다 나는 내 여행이 크로노스Kronos의 시간이 아니라 카이로스Kairos의 시간을 경험하는 순례였다고 위무한다. 내가 살아가는 그 어떤 순간도, 시간도, 발걸음도 결코 헛된 것이 아니었다는 사실을, 나는 오늘도 믿는다. 그리하여 오늘도 내가 살아보지 못한 세상을 향해 느릿한 걸음을 걸어가고 있는 것은 아닐까.

#

여행은 내게 살아가는,
앞으로 살아가야 할 힘이나 용기를
충전하는 시간이기도 했지만,
그보다는 오늘 하루를 살아냈던
나에게 보내는 선물이 아니었을까.

강정(1971~) 부산 출생. 1992년 계간《현대시세계》가을호에〈항구〉등을 발표하며 등단했다. 시집으로《키스》,《활》,《귀신》등이 있다.

고정희(1948~1991) 전라남도 해남 출생. 1975년《현대시학》에〈연가〉등을 발표하며 등단했다. 여성신문 초대 편집주간을 역임했으며 시집으로《누가 홀로 술틀을 밟고 있는가》,《지리산의 봄》등이 있다.

곽재구(1954~) 광주 출생. 1981년 중앙일보 신춘문예에〈사평역에서〉가 당선되었다. 시집으로《와온 바다》,《참 맑은 물살》등이 있다.

기형도(1960~1989) 경기도 연평 출생. 1985년 동아일보 신춘문예에〈안개〉로 등단했다. 시집을 준비하던 중 뇌졸중으로 사망해,《입 속의 검은 잎》이 유고시집으로 출간되었다.

김광균(1914~1993) 경기도 개성 출생. 1926년 중외일보에〈가신 누님〉을 발표하면서 문단에 나왔다. 시집으로《와사등》,《기항지》등이 있다.

김기림(1908~?) 함경북도 학성 출생. 1930년 기자로 일하던 조선일보에〈가거라 새로운 생활로〉를 발표하면서 문단에 등단했다. 한국전쟁 때 납북되었다. 시집으로《기상도》,《태양의 풍속》등이 있다.

김남주(1946~1994) 전라남도 해남 출생. 1974년《창작과 비평》에〈진혼가〉등을 발표했다. 민주화운동에 참여했으며 시집으로《나의 칼 나의 피》,《사상의 거처》등이 있다.

김소연(1967~) 경상북도 경주 출생. 1993년 《현대시사상》 겨울호에 〈우리는 찬양한다〉 등을 발표했다. 시집으로 《극에 달하다》, 《수학자의 아침》 등이 있다.

김수영(1967~) 1992년 조선일보 신춘문예에 시 〈남행시초〉가 당선되어 문단에 등단했다. 시집으로 《로빈슨 크루소를 생각하며, 술을》, 《오랜 밤 이야기》 등이 있다.

김중식(1967~) 인천 출생. 1990년 《문학사상》 1월호에 〈아직도 신파적인 이들이〉 외 4편의 작품이 추천되어 시단에 등단했다. 시집으로 《황금빛 모서리》가 있다.

김지하(1941~) 본명은 영일. 전라남도 목포 출생. 1969년 《시인》에 〈황톳길〉 등을 발표하며 등단했다. 시집으로 《황토》, 《타는 목마름으로》 등이 있다.

나희덕(1966~) 충청남도 논산 출생. 1989년 중앙일보 신춘문예에 〈뿌리에게〉가 당선되었다. 시집으로 《그 말이 잎을 물들였다》, 《그곳이 멀지 않다》, 《어두워진다는 것》 등이 있다.

노천명(1911~1957) 황해도 장연 출생. 1932년 《신동아》에 〈밤의 찬미〉를 발표하며 등단했다. 여러 신문사에서 일하며 시작 활동을 했으며, 일제 말기에는 친일 작품을 쓰기도 했다. 시집으로 《산호림》, 《별을 쳐다보며》 등이 있다.

문정희(1947~) 전라남도 보성 출생. 1969년 《월간문학》에 〈불면〉 등으로 등단했다. 2010년 스웨덴의 문학상인 시카다상을 받았다. 시집으로 《새떼》, 《사랑의 기쁨》 등이 있다.

박노해(1957~) 전라남도 함평 출생. 현장 노동자로 일하던 1984년 첫 시집 《노동의 새벽》을 펴내며 알려졌다. 시집으로 《참된 시작》, 《그러니 그대 사라지지 말아라》 등이 있다.

박두진(1916~1998) 경기도 안성 출생. 1939년 《문장》에 〈향현〉 등을 발표하며 등단했다. 1946년 조지훈, 박목월 시인과 공저로 《청록집》을 간행했다. 시집으로 《해》, 《거미와 성좌》 등이 있다.

박목월(1916~1978) 본명은 영종. 경상북도 경주 출생. 1939년 《문장》에 〈가을 어스름〉 등을 발표하며 등단했다. 시집으로 《산도화》, 《청담》, 《경상도의 가랑잎》 등이 있다.

박인환(1926~1956) 강원도 인제 출생. 1946년에 시 〈거리〉를 국제신보에 발표하며 등단했다. 대표 시로는 〈목마와 숙녀〉가 있고, 작고 1주일 전에 쓰인 〈세월이 가면〉은 노래로 만들어지기도 했다.

백무산(1955~) 본명은 봉석. 경상북도 영천 출생. 1974년 현대중공업에 입사하여 노동자로 일하다가 1984년 《민중시》 1집에 〈지옥선〉 등을 발표하면서 등단했다. 시집으로 《동트는 미포만의 새벽을 딛고》, 《인간의 시간》 등이 있다.

백석(1912~1996) 본명은 기행. 평안북도 정주 출생. 1930년 조선일보 신춘문예에 단편소설 〈그 모母와 아들〉이 당선되었고, 1935년에 역시 조선일보에 시 〈정주성〉을 발표하여 시인으로 등단했다. 1936년 시집 《사슴》을 100부 한정판으로 출판했다.

서정주(1915~2000) 전라북도 고창 출생. 1936년 동아일보 신춘문예에 〈벽〉이 당선되어 등단했다. 친일 작품을 쓰기도 하였으며, 시집으로《화사집》,《귀촉도》,《국화 옆에서》등이 있다

서정춘(1941~) 전라남도 순천에서 태어나 1968년 신아일보 신춘문예에 〈잠자리 날다〉가 당선되어 등단했다. 시집으로《죽편》,《봄, 파르티잔》,《물방울은 즐겁다》가 있다.

손택수(1970~) 전라남도 담양 출생. 1998년 한국일보 신춘문예에 〈언덕 위의 붉은 벽돌집〉이 당선되었다. 시집으로《목련 전차》,《떠도는 먼지들이 빛난다》등이 있다.

신현림(1961~) 경기도 의왕 출생. 시인이자 사진작가. 1990년《현대시학》에 〈초록말을 타고 문득〉 등을 발표하면서 등단했다. 시집으로《지루한 세상에 불타는 구두를 던져라》,《세기말 블루스》등이 있다.

심보선(1970~) 서울 출생. 1994년 조선일보 신춘문예에 〈풍경〉이 당선되었다. 시집으로《슬픔이 없는 십오 초》,《눈앞에 없는 사람》등이 있다.

오장환(1918~1948?) 충청북도 보은 출생. 1933년《조선문학》에 〈목욕간〉을 발표하며 등단했다. 광복 후 조선문학가동맹에 가담하여 활동하다가 1948년 월북했다. 시집으로《성벽》,《헌사》등이 있다.

유하(1963~) 전라북도 고창 출생. 시인이자 영화 연출가. 1988년《문예중앙》에 〈무림일기〉가 당선되어 등단했다. 시집으로《세운상가 키드의 사랑》,《천일마화》등이 있다.

윤동주(1917~1945) 만주 출생. 만주 연길에서 발간된 《가톨릭 소년》지에 동시 〈병아리〉 등을 발표했다. 일본에서 항일운동 혐의로 복역 중 건강이 악화되어 세상을 떠났다. 사후에 유고시집 《하늘과 바람과 별과 시》가 출간되었다.

이가림(1943~) 본명은 계진. 만주 출생. 1966년 동아일보 신춘문예에 〈빙하기〉가 당선되어 등단했다. 시집으로 《유리창에 이마를 대고》, 《슬픈 반도》 등이 있다.

이대흠(1968~) 전라남도 장흥 출생. 1994년 《창작과 비평》에 〈제암산을 본다〉 등을 발표하며 등단했다. 시집으로 《눈물 속에는 고래가 산다》, 《귀가 서럽다》 등이 있다.

이동순(1950~) 경상북도 김천 출생. 1973년 동아일보 신춘문예에 〈마왕의 잠〉이 당선되었다. 시집으로 《개밥풀》, 《마음의 사막》 등이 있다.

이상(1910~1937) 본명은 김해경. 서울 출생. 1930년 조선총독부 기관지 《조선》에 장편소설 《12월 12일》을 연재하며 작품 활동을 시작했다. 대표작으로 단편소설 〈날개〉와 시 〈오감도〉 등이 있다.

이성복(1952~) 경상북도 상주 출생. 1977년 《문학과 지성》에 〈정든 유곽에서〉 등을 실으며 등단했다. 시집으로 《뒹구는 돌은 언제 잠 깨는가》, 《남해금산》 등이 있다.

이용악(1914~1971) 함경북도 경성 출생. 1935년 《신인문학》에 〈패배자의 소원〉을 실으며 등단했다. 1949년 월북해 1971년 사망한 것으로 알려졌다. 시집에 《분수령》, 《낡은 집》 등이 있다.

이육사(1904~1944) 본명은 원록. 경상북도 안동 출생. 1933년 '육사'란 이름으로《신조선》에 〈황혼〉을 발표했다. 호는 독립운동으로 투옥되었을 때의 수인 번호 264를 따서 지었다. 1946년 유고시집인《육사 시집》이 출간되었다.

이형기(1933~2005) 경상남도 진주 출생. 1949년《문예》에 〈비 오는 날〉 등이 추천되어 등단했다. 시집으로《적막강산》,《절벽》,《존재하지 않는 나무》 등이 있다.

장석남(1965~) 인천 출생. 1987년 경향신문 신춘문예에 〈맨발로 걷기〉로 등단했다. 시집으로《새떼들에게로의 망명》,《미소는, 어디로 가시려는가》 등이 있다.

장석주(1954~) 충청남도 논산 출생. 1979년 조선일보 신춘문예에 〈날아라, 시간의 포충망에 붙잡힌 우울한 몽상이여〉가 당선되어 등단했다. 시집으로《크고 헐렁헐렁한 바지》,《오랫동안》 등이 있다.

정지용(1902~1950) 충청북도 옥천 출생. 1926년 일본 유학생들의 잡지인《학조》 창간호에 〈카페 프란스〉 등의 시를 발표하며 활동을 시작했다. 한국전쟁 중이던 1950년에 납북되었다. 시집으로《정지용 시집》,《백록담》 등이 있다.

정호승(1950~) 경상남도 하동 출생. 1972년 한국일보 신춘문예에 동시 〈석굴암을 오르는 영희〉가, 1973년 대한일보 신춘문예에 〈첨성대〉가 당선되었다. 시집으로《슬픔이 기쁨에게》,《서울의 예수》,《새벽편지》 등이 있다.

조용미(1962~) 경상북도 고령 출생. 1990년 《한길문학》에 〈청어는 가시가 많아〉를 발표하며 등단했다. 시집으로 《기억의 행성》, 《나의 별서에 핀 앵두나무는》 등이 있다.

조지훈(1920~1968) 본명은 동탁. 경상북도 영양 출생. 1939년 《문장》에 〈고풍의상〉을 발표하며 등단했다. 시집으로 《청록집》과 《풀잎단장》 등이 있다.

진은영(1970~) 대전 출생. 2000년 《문학과 사회》 봄호에 〈커다란 창고가 있는 집〉을 발표했다. 시집으로 《우리는 매일매일》, 《훔쳐가는 노래》 등이 있다.

차창룡(1966~) 전라남도 곡성 출생. 1989년 《문학과 사회》 봄호에 시를 발표하며 등단했다. 시집으로 《나무 물고기》, 《해가 지지 않는 쟁기질》 등이 있다.

천상병(1930~1993) 일본 효고현 출생. 1952년 《문예》에 〈강물〉 등을 발표하며 등단했다. 시집으로 《주막에서》, 《귀천》 등이 있다.

천양희(1942~) 부산 출생. 1965년 《현대문학》에 〈화음〉 등을 발표하며 등단했다. 시집으로 《신이 우리에게 묻는다면》, 《오래된 골목》 등이 있다.

최승자(1952~) 충청남도 연기 출생. 1979년 《문학과 지성》에 〈이 시대의 사랑〉을 실으며 등단했다. 시집으로 《이 시대의 사랑》, 《즐거운 일기》 등이 있다.

최정례(1955~) 경기도 화성 출생. 1990년 《현대시학》에 〈번개〉를 발표하며 등단했다. 시집으로 《내 귓속의 장대나무 숲》, 《돌멩이와 서정시》 등이 있다.

한용운(1879~1944) 본명은 정옥. 충청남도 홍성 출생. 시인이자 승려, 독립운동가. 3·1운동 민족 대표 33인 중 한 명으로 독립운동에 앞장섰다. 시집으로 《님의 침묵》이 있다.

한하운(1920~1975) 본명은 태영. 함경남도 함주 출생. 한센병으로 고향에서 치료를 받다가 1948년에 월남했다. 1949년 《신천지》에 〈전라도 길〉 등을 발표하며 등단했다. 시집으로 《한하운 시초》, 《보리피리》 등이 있다.

함성호(1963~) 강원도 속초 출생. 1990년 《문학과 사회》에 〈비와 바람 속에서〉를 발표하며 등단했다. 시집으로 《너무 아름다운 병》, 《키르티무카》 등이 있다.

허수경(1964~) 경상남도 진주 출생. 1987년 《실천문학》에 〈땡볕〉 등을 발표하며 등단했다. 시집으로 《슬픔만한 거름이 어디 있으랴》, 《혼자 가는 먼 집》 등이 있다.

황동규(1938~) 평안남도 숙천 출생. 1958년 《현대문학》에 〈즐거운 편지〉 등을 발표하며 등단했다. 시집으로 《어떤 개인 날》, 《비가》, 《삼남에 내리는 눈》 등이 있다.

황지우(1952~) 전라남도 해남 출생. 1980년 중앙일보 신춘문예에 〈연혁〉이 입선했다. 시집으로 《새들도 세상을 뜨는구나》, 《어느 날 나는 흐린 주점에 앉아 있을 거다》 등이 있다.

시 읽는 여행자

나에겐 국경을 넘을 권리가 있다

초판 01쇄 인쇄일 2015년 03월 25일
초판 01쇄 발행일 2015년 04월 02일

쓰고 엮음 이승원
발행인 이승용
주간 이미숙
편집기획부 김호주 정아영 김솔지 **디자인팀** 양미정 황아영
마케팅부 김선호 송영우 권소망 **경영지원팀** 이지현 김지희

발행처 |주| 홍익출판사
출판등록번호 제1-568호
출판등록 1987년 12월 1일
주소 [121-840]서울 마포구 양화로 78-20(서교동 395-163)
대표전화 02-323-0421 **팩스** 02-337-0569
이메일 editor@hongikbooks.com
홈페이지 www.hongikbooks.com

ISBN 978-89-7065-446-1 (03810)

이 도서의 국립중앙도서관 출판시도서목록(CIP)은
e-CIP 홈페이지(www.nl.go.kr/ecip)에서 이용하실 수 있습니다.
(CIP제어번호: 2015007937)